高等职业教育新形态一体化教材

外贸单证实务
（活页式教材）

主　编　张英杰　于　颖　张　媛
副主编　王海燕　张万英　方欣怡
　　　　张　宓　王润华

北京理工大学出版社
BEIJING INSTITUTE OF TECHNOLOGY PRESS

内容简介

积极贯彻党的二十大精神，以学生为主体，以职业能力培养为目标，以外贸单证操作流程为主线，采用"项目引领、任务驱动、强化训练"的模式，编写融"教、学、做"为一体的工学结合教材。教材设计了外贸单证业务认知、签订合同与审核信用证、缮制商业单据、缮制运输单据、缮制官方单据、缮制保险金融单据、综合实训七大项目，十五个具体制单工作任务。工作任务由任务发布、知识储备、任务实施、任务实施评价、任务总结和拓展训练六部分组成，强化和激发学生的能动性和创造性，在完成任务过程中提升学生的制单操作技能，培养零距离的上岗能力。

本书可作为高等职业学校国际商务专业和商贸类相关专业教材，也可作为在职人员自学用书及岗位培训教材。

版权专有　侵权必究

图书在版编目（CIP）数据

外贸单证实务：英、汉 / 张英杰，于颖，张媛主编
－－北京：北京理工大学出版社，2023.12
ISBN 978－7－5763－3278－0

Ⅰ．①外⋯ Ⅱ．①张⋯ ②于⋯ ③张⋯ Ⅲ．①进出口贸易－原始凭证－英、汉 Ⅳ．①F740.44

中国国家版本馆 CIP 数据核字（2024）第 007228 号

责任编辑：武丽娟		文案编辑：武丽娟	
责任校对：刘亚男		责任印制：施胜娟	

出版发行 / 北京理工大学出版社有限责任公司
社　　址 / 北京市丰台区四合庄路 6 号
邮　　编 / 100070
电　　话 / （010）68914026（教材售后服务热线）
　　　　　（010）68944437（课件资源服务热线）
网　　址 / http://www.bitpress.com.cn

版 印 次 / 2023 年 12 月第 1 版第 1 次印刷
印　　刷 / 河北盛世彩捷印刷有限公司
开　　本 / 787 mm×1092 mm　1/16
印　　张 / 10.75
字　　数 / 252 千字
定　　价 / 42.00 元

图书出现印装质量问题，请拨打售后服务热线，负责调换

前　　言

"外贸单证实务"是高等职业院校国际经济与贸易、国际商务、商务英语等专业开设的一门专业核心课，是培养外贸公司业务员和跟单员必需的技能课程。

积极贯彻党的二十大精神，以学生为主体，以职业能力培养为目标，以外贸单证操作流程为主线，采用"项目引领、任务驱动、强化训练"的模式，编写融"教、学、做"为一体的工学结合教材。教材设计了外贸单证业务认知、签订合同与审核信用证、缮制商业单据、缮制运输单据、缮制官方单据、缮制保险金融单据、综合实训七大项目，十五个具体制单工作任务。工作任务由任务发布、知识储备、任务实施、任务实施评价、任务总结和拓展训练六部分组成，强化和激发学生的能动性和创造性，在完成任务的过程中提升学生的制单操作技能，培养零距离的上岗能力。

本书由秦皇岛职业技术学院张英杰、于颖、张媛担任主编，石家庄财经职业学院王海燕、河北旅游职业学院张万英、新疆应用职业技术学院方欣怡、秦皇岛职业技术学院张宓、秦皇岛市衡鼎进出口贸易有限公司王润华任副主编。具体分工如下：方欣怡编写项目一；于颖编写项目二和项目七；张英杰编写项目三和项目七；张媛编写项目四和项目六；王海燕编写项目五；张万英编写项目六；张宓编写项目七；王润华编写项目七。

本书可作为高等职业学校国际商务专业和商贸类相关专业教材，也可作为在职人员自学用书及岗位培训教材。

本书在编写过程中得到秦皇岛市天远进出口贸易有限公司、秦皇岛市衡鼎进出口贸易有限公司等相关单位的大力支持和帮助，为本书提供了大量的外贸单证材料，在此表示衷心的感谢！此外还参阅和引用了相关论著、网站资料，书中未能一一列出，在此一并向相关作者表示诚挚的谢意！

由于编者学识水平和能力有限，书中可能存在疏漏和不足之处，敬请读者批评指正，以便不断修订完善。

目　　录

项目一　外贸单证业务认知 …………………………………………………………… 1

　　任务一　初识外贸单证 ……………………………………………………………… 2

　　任务二　认识外贸单证工作 ………………………………………………………… 4

项目二　签订合同与审核信用证 ……………………………………………………… 9

　　任务一　签订国际货物买卖合同 …………………………………………………… 10

　　任务二　审核信用证 ………………………………………………………………… 19

项目三　缮制商业单据 ………………………………………………………………… 30

　　任务一　缮制商业发票 ……………………………………………………………… 31

　　任务二　缮制包装单据 ……………………………………………………………… 41

项目四　缮制运输单据 ………………………………………………………………… 49

　　任务一　缮制海运提单 ……………………………………………………………… 50

　　任务二　缮制装船通知 ……………………………………………………………… 63

　　任务三　缮制航空运单 ……………………………………………………………… 70

项目五　缮制官方单据 ………………………………………………………………… 84

　　任务一　缮制报检单 ………………………………………………………………… 85

　　任务二　缮制报关单 ………………………………………………………………… 95

　　任务三　缮制原产地证 ……………………………………………………………… 117

项目六　缮制保险金融单据 …………………………………………………………… 126

　　任务一　缮制投保单 ………………………………………………………………… 127

　　任务二　缮制汇票 …………………………………………………………………… 143

项目七　综合实训 ……………………………………………………………………… 151

参考文献 ………………………………………………………………………………… 166

项目一　外贸单证业务认知

知识目标

理解外贸单证的概念
了解外贸单证的发展趋势
掌握外贸单证工作的意义

技能目标

能够对常用外贸单证进行分类
掌握外贸单证工作的基本要求
掌握进出口外贸单证工作流程

素质目标

培养学生对外贸单证浓厚兴趣
培养学生严谨认真的处事态度
培养较强的责任心，树立爱岗敬业、诚实守信等职业道德

任务一　初识外贸单证

任务发布

专　业			课程名称	
项目一	外贸单证业务认知		工作任务一	初识外贸单证
学　时			组　别	
姓　名		组长：	成员：	
任务情境				
毕业于某经贸大学国际经济与贸易专业的小金同学应聘到秦皇岛天远进出口有限公司（QINHUANGDAO CITY TIANYUAN IMP/EXP CO.，LTD.），被分配到单证部门的外贸单证工作岗位上。 今天是上班的第一天，小金发现办公室有很多成套的合同、发票、箱单、报关单、报检单、保险单、空海运提单等各种单据。小金感到千头万绪，不知所措。部门经理要求小金同学先了解单证知识，三天内对现有的单证进行分类。 面对经理下达的任务，小金该如何入手呢？				
工作与学习目标				
理解外贸单证的概念 熟悉外贸单证的分类 了解外贸单证的发展趋势				
工作任务				
根据分类依据，将秦皇岛天远进出口有限公司常见的合同、发票、箱单、报关单、报检单、保险单、空海运提单等各种单据进行分类				

一、外贸单证概念

外贸单证（Foreign Trade Documents）经常被简称为"单证"（Documents）、证书、文件或文书。外贸单证是指在外贸结算中使用到的各种单据、文件、证书，信用证及国际贸易中使用到的相关证书和单据也包含在其中。

从狭义上来讲外贸单证是指国际贸易结算单据与信用证。从广义上来讲是指各类国际贸易文件及各种进出口文件和凭证。

外贸单证与国际贸易活动相互依存、密不可分。一方面正常的外贸单证流转为国际贸易活动提供重要条件，另一方面国际贸易活动又决定着外贸单证是否存在。国际货物的交付、运输、保险、检验检疫、清关及结汇等需要凭借外贸单证才能得以顺利进行。

二、外贸单证的分类

外贸单证将国际贸易活动各环节贯穿起来。国际贸易中涉及众多单证,表 1-1 从不同角度对主要外贸单证进行了分类。

表 1-1 主要外贸单证分类

分类依据	类别	所含单证
URC522 (跟单托收统一规则)	金融单证	汇票、本票、支票或其他用于取得付款或款项的类似凭证
	商业单证	商业发票、装箱单证、运输单证、保险单证和其他类似单证
根据 UCP600 (跟单信用证 统一惯例)	运输单证	海运提单、非转让海运单、租船合约提单、多式联运单证、航空运单、公路铁路和内陆水运单证、快邮和邮包收据,以及运输代理人的运输单证等
	保险单证	保险单、保险凭证、承保证明和预保单等
	商业单证	商业发票、商业凭据和各类证书等
	其他单证	装箱单、重量单和各种证明等
国际贸易中的 使用频率	基本单证	发票、提单、保险单三大类
	附属单证	官方单证:领事发票、海关发票、检验检疫证书、原产地证、普惠制原产地证、许可证、装船证明以及黑名单证明等
		进口方要求的单证:装箱单、重量单、规格单、品质证书、寄样证明、寄单证明、装运通知及船公司证明书以及受益人证明书等

三、单证发展趋势

传统的单证种类繁多,在不同环节中流转需要层层复核,往返流转且路线冗长,消耗大量的人力物力,已经不能适应现代国际贸易发展的要求,成为国际贸易发展的一大障碍。

为了满足现代国际贸易的需要,国际贸易单据呈现出以下发展趋势:

1. 单据内容去繁从简化

去繁从简是单据的一大趋势,去除冗余,单据内容言简意赅,日益简单。

2. 单据规范与标准趋同化

世界范围内许多单据呈现出趋同化趋势,这一方面是指如信用证、提单、保险单内容都是相同或类似的,另一方面是指很多单据的规定与要求趋于统一。例如 SWIFTMT700 格式的信用证、提单、产地证等。

3. 单据信息共享化

现今贸易公司使用的软件大多能实现填写基本单据,其他单据关联信息可自动生成,实现了单据基本信息共享化。

任务二 认识外贸单证工作

任务发布

专　业		课程名称	
项目一	外贸单证业务认知	工作任务二	认识外贸单证工作
学　时		组　别	
姓　名	组长：　　　　　成员：		
任务情境			
经过认真学习，小金对单据有了进一步深刻的了解和认识。小金在 3 天内完成了任务一的知识学习，并将秦皇岛天远进出口有限公司常见的合同、发票、箱单、报关单、保险单、空海运提单等各种单据进行了正确分类，得到了经理的夸奖。 由于在学校有一定的专业理论基础，接下来经理只给小金 7 天的时间熟悉公司的外贸单证业务流程。小金能很快适应并完全掌握单证业务操作流程吗？			
工作与学习目标			
了解外贸单证工作的意义 掌握外贸工作的基本要求 掌握外贸单证工作的流程			
工作任务			
根据所学知识，绘制秦皇岛天远进出口有限公司出口单证工作流程图			

一、外贸单证工作的意义

外贸单证在外贸活动各环节流转，贯穿于企业外贸活动之中，涉及进出口、运输、收付汇等全过程，外贸单证对业务最终顺利完成起着举足轻重的作用，其主要意义有：

1. 单证是划分当事人权责利的重要依据，是履行贸易合同的重要手段

外贸当事人主要包括买卖双方、承运人、银行、保险公司、海关等。在国际贸易中外贸单证反映当事人权利、责任的转移和终止，是当事人划分权责利的重要依据。例如，作为重要外贸单证之一的外贸合同，根据合同中 CIF 贸易术语，买卖双方的责任义务及风险划分一目了然。在国际贸易中，外贸单证是履行合同的重要手段，各种外贸单证在流转中各环节的进展情况代表着责任相关方权利义务的转移和终止。如：商业发票中体现的重要信息包括货物的品名、数量、单价、总价。货运单证则表明了卖方已将货物装运或已交承运人或已接受监管。

2. 单证为货权转移提供了便利和安全保障

国际贸易活动虽然是实际货物的买卖，但交接过程是由单据的流转来实现的，贸易单证的交接可以代表货权的转让。例如，海运提单就是物权凭证，谁拥有了海运提单就代表着谁掌握了货物所有权。买方在目的地收到海运提单就代表着收到了货物，通过单证合法的转移达到了货物合法转移的目的，因此单证交换为货权转移提供了便利和安全保障。

3. 外贸单证作为结汇必要工具是顺利结汇的前提

无论是在《国际商会托收统一规则》（URC522）还是在《跟单信用证统一惯例》（UCP600）中都体现出贸易单证对顺利结汇的重要性。根据URC522，在跟单托收的结算方式下，进口方有资格以单同（单证和合同）不相符为由拒付货款。根据UCP600，信用证结算方式下只要出口方向银行提交了与信用证相符的全套单据，无论实际货物情况如何，银行必须履行付款或承兑的责任。相反，即使单货相符，但是单证不一致，银行有权拒付或承兑。由此可见全套完整、准确的单证是出口方能够顺利结汇的必要工具，是顺利结汇的前提。

二、外贸单证工作的基本要求

1. 人员方面的基本要求

外贸单证员在专业知识方面：具备较高的英语水平、能够熟练操作计算机、熟悉或掌握外贸单证知识、外贸基础知识、国际结算知识、国际贸易惯例、外贸法规政策等。

在职业专业技能方面：具备开证审证、制作单证、办理并审核单证以及良好的人际沟通等职业能力。

在职业素质方面：具备遵纪守法的意识、较强的责任心、团队合作意识、爱岗敬业精神、诚实守信等职业素养。

单证工作人员要有责任心，树立爱岗敬业、诚实守信等职业道德

2. 单证方面的基本要求

缮制外贸单证从买卖双方实际需求出发必须遵守国内相关法律法规及国际贸易惯例等。国内较常见的有《中华人民共和国合同法》《中华人民共和国对外贸易法》《中华人民共和国海商法》等，国际贸易领域常见的有 UCP600、URC522、INCOTERMS 2020 等。外贸单证作为外贸活动中重要的单证，影响着进出口双方的直接利益，关系着卖方能否顺利结汇、买方能否及时接货。外贸单证的基本要求为：正确、完整、及时、简明、整洁。

正确、完整、及时、简明、整洁

三、外贸单证工作的流程

在国际贸易中，货物的交付、运输、保险、报关、报检、结汇等环节是通过单证的流转来实现的。单证工作流程主要包括进口和出口。

1. 单证工作出口流程

出口方在收到准确无误的信用证后，单证工作流程主要为：缮制出仓单、缮制出口报检文件、缮制发票及箱单等，以及准备齐全报关文件、缮制出口明细单、办理托运、办理货物保险、发装船通知、审单后向银行交单议付、最后结汇并留存单证等。

第一，缮制出仓单。

严格依据信用证以及工厂的进仓单信息缮制出仓单。出仓单上必须有货物品名、数量、毛重、净重、存放地点等货物重要信息。

第二，缮制出口货物报检文件。

报检是出口非常重要的一个环节，需要缮制出口报检文件。对于法检、进口国有要求、合同规定必须由检验检疫机构出具证书的货物，必须向实施检验检疫的机构报检，由实施检验检疫的机构对实际货物进行检验。对于检验合格货物会出具检验检疫证书或放行证件。在此环节需关注并跟进检验检疫机构证书出具进度，对报关时间提前规划。

第三，缮制发票、箱单等单据，备全报关文件。

发票必须严格按照信用证各项条款以及出仓单信息进行缮制。发票等其他单据缮制也要做到单证相符、单单相符。缮制发票、箱单等单据后需备全报关文件。

第四，填制投保单。

对投保有要求的货物（例如成交方式为 CIF 的货物）需要填制投保单，由保险公司办理货物保险。在此环节，单证工作必须在货物装运前完成货物投保工作，并及时跟进保险公司保单的出具。

第五，缮制明细单、办理出口托运。

在办理报关前，出口方必须缮制明细单、提供齐全的货物托运单据办理托运。出口明细单的主要内容包括托运人、收货人、品名、毛净重、件数、船名、船期、目的港等。后续报关等环节各单据将依据出口明细单缮制单证，因此出口明细单一定要认真填制，以免出错。

第六，发装运通知。

完成货物装运后，出口方应第一时间向进口方发出装运通知。例如，在 FOB、CFR 等成交方式下由进口方负责货物投保，因此掌握货物装运动态尤为重要。另外有些信用证条款将装船通知单据作为交单议付的单据之一，因此作为履约条款，出口方更要及时发送装运通知。

第七，交单议付。

出口方（企业）审核单据无误后向银行（议付行）交单议付。议付行依据信用证对单证进行再次审核，单证审核无误后将款项打入出口企业的银行账户。如议付行审核单证不符，出口方（企业）应及时修改，直至单证相符。至此，完成信用证、合同所有要求，收取完毕外汇，完成货物出口交易。

第八，单证留存，妥善保管。

货物出口完毕，出口企业应将此票货物成套单据留存，妥善保管。

2. 单证工作进口流程

进口贸易大多需要先向有关机构申请许可证，经批准后方可签约。例如：进料加工、来料加工以及补偿贸易等，需要向有关机构成功备案后方可签约。以信用证为例进口流程如下：

第一，申请开立信用证。

付款方式为信用证的进口货物，在合同规定时间内买方需向开证行递交开证申请书。开证行需先行审核买方外汇及外汇额度后再将信用证开立给卖方银行。

第二，安排货物运输。

以 FOB 成交方式下的货物为例，买方负责租船运输。买方可自行或委托代理安排运输工具至卖方港口或码头接运。在运输工具落实后买方应将运输工具装运通知第一时间发至卖方，装运通知包括货物的合同号、品名、件数、重量、体积以及货物装运信息，卖方据此安排货物报关、出运等准备工作。与此同时，与货运代理联系提前做好各环节衔接工作。

第三，付款赎单。

信用证付款方式下：首先，全套单据由出口方银行寄发至进口方银行。然后，进口方银行对单证进行审核，确认无误后偿付货款至出口方银行。最后，进口方付款至进口方银行赎回全套单据。至此，全套单据从出口方通过出口方银行、进口方银行，完成了到出口方流转。

第四，到货检验。

进口货物抵达后，进口方应及时做好商品检验。法检货物由检验检疫机构进行检验，在合同有效期限内取得检疫证书。另外，对于在检疫范围内的动植物需要及时检疫和消杀处理。需要残损检验的应及时联系保险公司做鉴定，协商并解决索赔事宜。

第五，进口报关。

货物抵达后，及时缮制进口货物报关单。备齐报关所需文件，如合同、发票、箱单、提单等，以及进口许可证和类似性质的文件向进口方海关申报进口。海关审核后出税、进口方缴税、海关货物放行后，进口方凭正本相关单据，向承运人或其代理人办理提货事宜。

第六，索赔。

如进口货物存在数量问题或质量问题，进口方需在合同索赔有效期内提出索赔并提供相应证明单据，比如检验检疫证明文件、发票以及提单等货运单据。

任务实施评价

序号	评价内容	得分			综合得分
		自评（40%）	组评（30%）	师评（30%）	
1	外贸单证的概念（10分）				
2	外贸单证工作的进出口流程（60分）				
3	外贸单证的发展趋势（20分）				
4	外贸单证的基本要求（10分）				
	合计				

任务总结

常用外贸单证的分类
在本任务的实施过程中遇到了哪些问题？是如何解决的？

项目二　签订合同与审核信用证

知识目标

熟悉合同的内容
熟悉信用证的种类和作用
熟悉开证申请书的内容
熟悉开立信用证的流程
能够翻译信用证条款

技能目标

熟练缮制合同
熟练完成开证申请书的缮制
能够读懂信用证条款和合同条款
熟练依据合同和国际惯例审核信用证不符点

素质目标

培养认真工作的态度
培养团队协作能力
遵守外贸单证员职业道德

任务一　签订国际货物买卖合同

任务发布

专　业			课程名称	
项目二	签订合同与审核信用证		工作任务一	签订国际货物买卖合同
学　时			组　别	
姓　名	组长：	成员：		
任务情境				

秦皇岛天远进出口有限公司（QINHUANGDAO CITY TIANYUAN IMP/EXP CO.，LTD.，FLOOR 8，NO.8 TIANTAISHAN ROAD，DEVELOPMENT ZONE，QINHUANGDAO CHINA）是秦皇岛轻工业品专业进出口公司，公司经营范围包括：进出口业务、工艺品、针纺织品、服装鞋帽、百货、五金交电、办公文具、包装服务等，具有较强的出口能力和国际市场竞争能力。

2020年10月，秦皇岛天远进出口有限公司参加国际博览会，业务主管张华认识了来自毛里求斯 NE KWET PIN LTD.，×× ROYAL STREET PORT LOUIS，MAURITIUS 公司的业务经理 Carl Brown。毛里求斯 NE KWET PIN LTD 公司是一家综合性贸易公司，经营纺织、服装、食品、化工、家电产品、机电产品多年，有较好的资信及业务能力。Brown 先生对秦皇岛天远进出口有限公司展出的产品"水彩"（Water color）（Style No.：110，120 和 180）非常感兴趣，双方经过洽谈磋商结果如下：

Commodity：
Water color No. 110　360 doz　USD4.10/doz
Water color No. 120　780 doz　USD4.90/doz
Water color No. 180　420 doz　USD5.50/doz
Packed in strong export carton with straps.
Trade terms：FOB XINGANG.
Latest shipment date：May 20, 2021.
Destination port：port Louis, Mauritius.
Terms of payment：L/C at sight.
Insurance is to be covered by the buyer.
Payment by irrevocable documentary sight L/C, provided the covering L/C reaches Qinhuangdao before April. 20, 2021.

工作与学习目标
熟知合同的内容及缮制规范 根据资料熟练完成合同的缮制 归纳总结易错栏目的缮制技巧
工作任务
请认真阅读买卖双方洽谈磋商结果，确认最终达成的商品质量、数量、单价、装运期、保险、支付方式等合同条款，用规范的英语缮制销售合同

项目二 签订合同与审核信用证

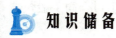 知识储备

一、国际货物买卖合同的含义

国际货物买卖合同是指营业地处于不同国家的当事人之间所订立的，由一方提供货物并转移所有权，另一方支付价款的协议。国际货物买卖合同是国际贸易交易中最重要的一种合同，是各国经营进出口业务的企业开展货物交易最基本的手段。

国际贸易中，当交易一方提出发盘，交易另一方作出有效接受之后，买卖双方之间即达成买卖合同关系。买卖双方在交易磋商过程中的往来函电即为双方买卖合同的书面证明。但为了明确，买卖双方一般还要在交易磋商的基础上，签订书面合同或成交确认书，将双方的权利、义务及各项交易条件明文规定下来。

二、国际货物买卖合同的形式

国际贸易中，买卖双方使用的货物买卖合同的形式及名称，没有特定限制。只要双方当事人同意，可采用正式的合同（CONTRACT）、确认书（CONFIRMATION），也可采用协议（AGREEMENT）、备忘录（MEMORANDUM）等各种形式。我国对外贸易中，主要使用合同和确认书。

1. 合同

买卖合同是交易中一种非常正式的货物买卖协议。它的内容比较全面、详细，除了交易的主要条件，如品名、品质、数量、包装、价格、交货、支付外，还有保险、商品检验、索赔、不可抗力、仲裁等条件。交易中，由卖方根据磋商结果草拟的合同称为"销售合同"（SALES CONTRACT）；由买方根据协商条件拟订的合同称为"购货合同"（PURCHASE CONTRACT）。

2. 确认书

确认书是一种内容比较简单的贸易合同。它与前面所说的合同相比，仅包括买卖交易的主要条件，而不包括买卖交易的一般条件。其中，卖方出具的称为"销售确认书"，买方出具的称为"购货确认书"。

以上两种形式的合同，虽然在格式、条款项目和内容的繁简上有所不同，但在法律上具有同等效力。在我国对外贸易业务中，对大宗商品或成交金额比较大的交易，一般采用合同形式；对金额不大、批数较多的小土特产品和轻工业品，一般采用确认书形式。货物买卖合同或确认书，一般由我方根据双方磋商的条件缮制正本一式两份，我方签字后寄交给对方，经对方查核签字后，留存一份，另一份寄还我方，双方各执一份，作为合同订立的证据和履行合同的依据。

三、合同的主要内容及缮制要求

出口合同的主要内容一般包括三部分：约首、本文和约尾。约首部分包括合同的名称、合同编号、签约日期、签约地点、双方当事人名称、地址等；合同的本文包括商品的名称、规格、数量、包装、单价、总价、装运、支付条件、保险、检验、索赔、仲裁和不可抗力

等；合同的约尾包括合同的份数、使用的文字和效力以及双方的签字等。出口合同一般包括以下栏目（样单2-1-1）：

1. 合同名称（Name）

合同抬头应醒目注明 SALES CONTRACT 或 SALES CONFIRMATION 等字样。一般来说，出口合同的格式都是由出口方事先印制好的，因此有时在 SALES CONFIRMATION 之前加上出口公司名称，寄交买方签署（Counter Sign），作为交易成立的书面凭据。

2. 合同号（No.）

合同编号，一般由卖方自行编设，以便查阅、存储、归档管理之用。

3. 合同日期（Date）

填写合同的制作日期，例如：2023年2月18日，可以有以下几种日期格式填法：

(1) 2023-02-18 或 02-18-2023。

(2) 2023/02/18 或 02/18/2023。

(3) 230218（信用证电文上的日期格式）。

(4) February18，2023 或 Feb. 18，2023。

4. 出口商和进口商的名称地址（Name and Address of IMP & EXP）

分别填写出口商和进口商的英文名称、详细地址及联系方式。

5. 商品品名和品质（Commodity and Quality）

商品的名称（Name of Commodity）或者"品名"是指能使某种商品区别于其他商品的一种称呼或概念。商品的名称在一定程度上体现了商品的自然属性、用途以及主要的性能特征。

商品的品质（Quality of Goods）是指商品的"内在质量"和"外观形式"的综合。

在我国以及国际上的通常做法中，合同的标的物一般是在"品名"或"商品名称"的标题下，列明缔约双方同意买卖的商品的名称，故又称为"品名条款"。但有时品名条款也可以包括在质量条款中，出现品名条款和质量条款合并的情况。

6. 数量（Quantity）

商品的数量（Quantity of Goods）是指以一定的度量衡单位表示的商品的重量、数量、长度、面积、体积、容积等，国际上常用的度量衡制度有公制、英制、美制和国际单位制。商品的数量是国际货物买卖合同中不可缺少的主要条件之一，卖方交货数量必须与合同规定相符，否则，买方有权提出索赔，甚至拒收货物。《联合国国际货物销售合同公约》规定，按约定的数量交付货物是卖方的一项基本义务。

在签订合同时一般应明确规定买卖货物的具体数量，作为买卖双方交接货物的数量依据。在实际业务中某些商品由于本身的特点，或是受其他条件的限制，卖方的交货数量要做到与合同完全一致非常困难。因此，在合同中通常规定一个允许卖方交货数量在一定范围内增减的条款，这种买卖合同中的数量机动幅度条款又叫作溢短装条款（More or Less Clause），就是在规定具体数量的同时，再在合同中规定允许多装或少装的一定百分比。卖方交货数量只要在允许增减的范围内即被认为符合合同的有关交货数量的规定。

7. 单价（Unit Price）

单价由计价货币、计价金额、计量单位和贸易术语四个部分构成。

如果在合同的价格中包含了支付给中间商的报酬，即佣金（Commission），这样的价格就称为含佣价格。含佣价格可以在所使用的贸易术语中间加列英文字母缩写及所付佣金的百分率来表示。

价格中不包括佣金的称为净价（Net Price）。有时为了说明成交价格是净价，可以在贸易术语中插入"净价"字样。

8. 总价（Amount）

总价是单价和数量的乘积，由数字和单位组成。

9. 货物总值（Total Value）

货物总值用英文大写，大写金额时前面可以用"Say"来引导，后面用"Only"来结尾，目的是防止恶意的篡改。同时大写金额中可以采用所有字母均大写或是只大写每个单词的第一个字母。

10. 装运条款（Shipment）

买卖双方洽商交易时，必须就各项装运条款谈妥，并在合同中订明，以利于合同的履行。装运条款的内容同买卖合同的性质和运输方式有着密切的关系，不同性质的运输方式，其装运条款也不相同。合同的装运条款包括装运时间、起运港、目的港及可否分批装运、转运等内容。

11. 支付条款（Terms of Payment）

国际货物买卖付款方式主要包括汇付、托收和信用证三种方式，根据磋商结果，填写付款方式。

12. 包装（Packing）

包装条款一般包括包装材料、包装方式、包装规格、包装标志和包装费用的负担等内容。

合同中的包装条款除了上述内容外，必要时还需要列明货物的包装标志。包装标志包括运输标志、指示性、警告性标志。

13. 运输标志/唛头（Shipping Marks）

标准运输标志由四个要素按制定程序排列构成：

人名缩写：收货人或买方的名称字首或简写名称；

参考号码：一般以单据号码表示，如合同号码、定单号码或发票号码；

目的地：表明货物最终送达的地点；

件号：本批货物每件的顺序号和总件数。

14. 保险条款（Insurance）

保险条款是国际货物买卖合同的重要组成部分之一，必须订得明确、合理。保险条款的内容因选用术语的不同而有所区别。采用不同的贸易术语，办理保险的人就不同。

（1）以 FOB、CFR 或 FCA、CPT 条件成交的合同，由买方办理保险。保险条款可订为以下形式：

To be covered by the Buyers.

（2）以 CIF 或 CIP 条件成交的合同，条款内容必须明确规定由谁办理保险、保险险别和保险金额的确定方法、按什么条款保险，并注明该条款的生效日期。保险条款可订为以下形式：

由卖方按发票金额的 ×××% 投保 ××险 ××险，以中国人民保险公司 1981 年 1 月 1 日生效的有关海洋货物运输保险条款为准。

样单 2-1-1 销售合同

SALES CONTRACT （1）
ORIGINAL

Seller：（4）   NO：（2）

Address：   DATE：（3）

E-Mail：

Buyer：

Address：

E-Mail：

The undersigned Sellers and Buyers have agreed to close the following transaction according to the terms and conditions stipulated below：

NAME OF COMMODITY AND SPECIFICATION （5）	QUANTITY （6）	UNIT PRICE （7）	AMOUNT （8）

TOTAL VALUE ：（9）

SHIPMENT：（10）

PAYMENT：（11）

PACKING：（12）

MARKS & NOS：（13）

INSURANCE：（14）

    THE BUYER   THE SELLER

任 务 实 施

任务实施步骤
1. 查阅并审核背景资料 2. 根据背景材料缮制出口合同空白部分（附表 2 – 1 – 1） 3. 自我审核 4. 小组成员交换审核
任务实施过程纪要

附表 2-1-1　销售合同

SALES CONTRACT
秦皇岛天远进出口有限公司
QINHUANGDAO CITY TIANYUAN IMP/EXP CO., LTD.
FLOOR 8, NO. 8 TIANTAISHAN ROAD, DEVELOPMENT ZONE, QINHUANGDAO, CHINA

E-mail：
F-Fax：0086 335 8068888
Tel：
Buyer：

No：HD212001
Date：DEC, 31. 2020

　　We hereby confirm having sold to you the following goods on terms and conditions as specified below：

Commodity and Specification	Quantity	Unit Price and Trade terms	Total Amount

Total Value：_____
Packing：CARTONS, TOTAL 115 CTNS
Time & Means of Transportation：To be effected before _____ from _____ port to _____, allowing partial shipments & transshipment, provided the covering L/C reaches Qinhuangdao _____ days before the shipping period stipulated herein.
Shipping Marks：
Terms of Payment：_____
Insurance：[ ] Covering Risks & War Risks, for 110% of invoice value up to the port of destination, as per the O. M. C. C of the people's Insurance Co. of China. [ ] To be effected by Buyers. [ ] If land transportation, Covering Land Transportation Cargo Insurance.

　　THE BUYER　　　　　　　　　　　　　　　　　　　　　　　　THE SELLER

任务实施评价

序号	评价内容	得分			综合得分
		自评（40%）	组评（30%）	师评（30%）	
1	出口合同缮制要点掌握情况（10 分）				
2	出口合同缮制（60 分）				
3	出口合同审核（20 分）				
4	小组协作（10 分）				
	合计				

任务总结

出口合同缮制要点
在本任务的实施过程中遇到了哪些问题？是如何解决的？

拓展训练

训练 1

业务资料：

秦皇岛天远进出口有限公司和澳大利亚 OBJECTIVE LEARNING MATERIALS 公司经过洽谈磋商，在 2022 年 7 月签订了出口三角板的国际货物买卖合同，合同号 AB066，详细如下：
SET SQUARE CURVE NO. DM3, 1,000PCS, FOB SHANGHAI USD5.9/PC
SHIPMENT：DURING AUG, 2022, FROM SHANGHAI TO MELBOURNE, AUSTRALIA.
PAYMENT：L/C 30 DAYS

请依据如上资料缮制出口销售合同（样单 2-1-2）。

样单 2-1-2　出口销售合同

SALES CONTRACT
ORIGINAL

Seller：　　　　　　　　　　　　　　　　　　　　　　　NO：
Address：　　　　　　　　　　　　　　　　　　　　　　DATE：
E-Mail：
Buyer：
Address：
E-Mail：

The undersigned Sellers and Buyers have agreed to close the following transaction according to the terms and conditions stipulated below：

NAME OF COMMODITY AND SPECIFICATION	QUANTITY	UNIT PRICE	AMOUNT

TOTAL VALUE：
SHIPMENT：
PAYMENT：
PACKING：
MARKS & NOS：
INSURANCE：

　　THE BUYER　　　　　　　　　　　　　　　　　　　　　　　THE SELLER

任务二 审核信用证

任务发布

专业		课程名称	
项目二	签订合同与审核信用证	工作任务二	审核信用证
学时		组别	
姓名	组长：　　　　成员：		

任务情境
秦皇岛天远进出口有限公司（QINHUANGDAO CITY TIANYUAN IMP/EXP CO., LTD., FLOOR 8, NO. 8 TIANTAISHAN ROAD, DEVELOPMENT ZONE, QINHUANGDAO CHINA）和毛里求斯 NE KWET PIN LTD., ×× ROYAL STREET PORT LOUIS, MAURITIUS 公司经过洽谈磋商依据以下条件签订了出口水彩的国际货物买卖合同，出口商收到信用证，请依据合同审核信用证，并找出不符点。

工作与学习目标
熟练翻译信用证 根据合同审核信用证不符点 归纳总结信用证重点条款及注意事项

工作任务
根据背景资料，依据合同审核信用证

知识储备

一、信用证的审核

（一）银行审核信用证的重点

（1）政策上的审核。

主要看来证各项内容是否符合我国的方针政策以及是否有歧视性内容，如果出现类似情况，必须与开证行交涉。

（2）审核开证行。

主要审查开证行所在国家的政治经济状况、开证行的资信、经营作风等情况。对于资信欠佳的银行要采取保全措施，如加具保兑行，确保受益人收汇。

（二）出口企业审核信用证的重点

（1）审核开证申请人及受益人的名称、地址。

审核开证申请人及受益人的名称、地址是否正确。如果来证该项内容出错，应及时修改更正，否则会直接影响收汇，因为开证行可以拒付由非受益人出具的单据。

（2）审核信用证的装运期、有效期、交单期及到期地点。

信用证必须规定一个交单付款、承兑或议付的到期日，未规定到期日的信用证不能使用。如果信用证规定到期地点在国外，由于寄单费时，且有延误的风险，一般应提请修改；否则，就必须提前交单，延展装运期限，信用证有效期与装运期应有一定的合理间隔。按照国际惯例，银行拒绝接受迟于运输单据21天提交的单据，但无论如何交单期不得晚于L/C的有效期。信用证有效期与装运期规定在同一天的，称为"双到期"。应当指出，"双到期"是不合理的，受益人是否就此提出修改，应视具体情况而定。

（3）审核汇票条款（币种、金额、汇票的付款期限）。

信用证金额应与合同金额一致，如合同订有溢短装条款，则信用证金额还应包括溢短装部分的金额，来证采用的货币与合同规定的货币一致。

（4）审核运输条款。

审核信用证货物的转运、分批装运、起运港/目的港等是否明确无误。

（5）审核商品描述条款。

对货物的描述包括货物的名称、规格、数量、单价、总值、包装等，这部分内容必须与合同的规定一致，否则履行合同时将无所适从。

（6）审核单据条款。

主要审理提单条款和保险单条款是否明确无误。

（7）关于"软条款"的审核（请扫码软条款）。

软条款（Soft Clause）是指致出口方于不利地位的弹性条款，包括信用证中所有无法由受益人自主控制的条款。一旦受益人对此认识不清或处理不当，将会引发收汇风险甚至导致出口损失。因此，受益人务必提高对软条款的认识和防范，把好审证环节，及时通知改证，以消除隐患。

软条款

软条款主要存在于信用证单据条款（46A）和附加条款（47A）中。常见软条款举例：

①以信用证修改通知的形式，通知有关船名、目的港和最后的单据的要求后，本信用证方能生效。
②规定在货物到达进口国港口，由进口方出具检验证明后，开证行才能付款。

二、信用证的修改

（一）修改规则

信用证经过全面分析审核后，如发现有问题，出口企业应及时通知国外客户通过开证行进行修改。UCP600 规定，未经开证行、保兑行及受益人同意，信用证不得修改。信用证修改的规则如下：

（1）只有开证申请人有权向开证行提出修改信用证的申请。
（2）只有受益人有权决定是否接受信用证修改。

（二）修改信用证应注意的问题与相关的国际惯例

根据 UCP600 对修改信用证规定的解释，应注意以下几个问题：

（1）一份信用证如有几处需要修改，应集中一次通知开证人办理，避免一改再改，既增加双方的费用又浪费时间，而且会引起不良影响。

（2）修改信用证的要求一般应以电信方式通知开证人，同时应规定一个修改书的到达期限。

（3）对收到的信用证修改通知书应认真审核，如发现修改内容有误或我方不能同意的，出口企业有权拒绝接受。

（4）根据 UCP600 第十条 E 款的规定：对同一修改的内容不允许部分接受，部分接受将被视为拒绝接受修改的通知。

（5）根据 UCP600 第九条 D 款的规定：如一银行利用另一家通知行或第二通知行的服务将信用证通知给受益人，它也必须利用同一家银行的服务通知修改书。

（6）根据 UCP600 第九条 E 款的规定，如一银行被要求通知信用证或修改但其决定不予修改，则应毫不延误地通知向其发送信用证、修改或通知的银行。

（三）修改信用证的流程

信用证的修改应由开证申请人（进口商）提出，经开证行同意和受益人的同意才能生效。其基本程序是：

第一步，受益人（出口方）将需要修改的内容通知开证申请人，同时书写信用证修改函。

第二步，开证申请人向开证行递交信用证修改申请书，申请修改信用证。

第三步，开证行审核同意后，根据修改申请书办理修改手续，然后发出信用证修改通知书给信用证原通知行。修改一经发出，不得撤销。

第四步，通知行收到后，核验修改通知书的表面真实性并将其转达给受益人，即转交修改通知书给出口商。

第五步，受益人接到修改通知书后再次进行审核，若仍有不能接受之处，可继续提出修改，直到可以接受为止。若同意接受，则此项修改正式生效。如受益人拒绝接受修改，则将修改通知书正本退回通知行，并附表示拒绝接受修改的文件，则此项修改不能成立，视为无效。受益人对修改拒绝或接受的表态可推迟至交单时。

任务实施

任务实施步骤
1. 查阅并审核背景资料 2. 缮制销售合同 3. 审核信用证（附表2-2-1），并找出不符点 4. 自我审核 5. 小组成员交换审核
任务实施过程纪要

任务实施评价

序号	评价内容	得分			综合得分
		自评（40%）	组评（30%）	师评（30%）	
1	翻译信用证（30分）				
2	信用证审核要点掌握（30分）				
3	审核信用证，依据合同查找不符点（30分）				
4	小组协作（10分）				
	合计				

任务总结

信用证审核要点
在本任务的实施过程中遇到了哪些问题？是如何解决的？

资料：附表 2-2-1 信用证

27：Sequence of Total
1/1
40A：Form of Documentary Credit
IRREVOCABLE
20：Documentary Credit Number
TF2100875818
31C：Date of Issue
210111
40E：Applicable Rules
UCP LATEST VERSION
31D：Date and Place of Expiry
210530CHINA
50：Applicant
NG KWET PIN LTD.
44 ROYAL STREET
PORT LOUIS, MAURITIUS
59：Beneficiary
QINHUANGDAO CITY TIANYUAN IMP/EXP
CO, LTD. , FLOOR 17, NO. 6 TIANTAISHAN
ROAD, DEVELOPMENT ZONE, QINHUANGDAO
CHINA
32B：Currency Code, Amount
USD7,000.00
41D：Available With ... By ...
ANY BANK IN CHINA
BY NEGOTIATION
42P：Negotiation/Deferred Payment Details SIGHT
43P：Partial Shipments
PROHIBITTED
43T：Transhipment
ALLOWED
44E：Port of Loading/Airport of Departure CHINA
44F：Port of Discharge/Airport of Destination
PORT LOUIS MAURITIUS
44C：Latest Date of Shipment
210520
45A：Description of Goods and/or Services
　+ STATIONERY AS PER PROFORMA INVOICE NO. HD 212001 OF DEC 31,

2020 PACKED IN STRONG EXPORT CARTON WITH STRAPS

+ FOB CHINA（INCOTERMS 2010）

46A：Documents Required

+ 3/3 + 2 NON – NEGOTIABLE COPIES CLEAN ON BOARD BILL OF LADING MADE OUT TO ORDER OF THE MAURITIUS COMMERCIAL BANK LTD PORT LOUIS MAURITIUS MARKED FREIGHT TO COLLECT NOTIFY NG KWET PIN LTD 44 ROYAL STREET PORT LOUIS MAURITIUS SHOWING CUBIC

MEASUREMENTS

+ COMMERCIAL INVOICES IN TRIPLICATE

+ PACKING LIST IN TRIPLICATE GIVING CONTENT PER CARTON

47A：Additional Conditions

+ ALL DOCUMENTS TO BE ISSUED IN ENGLISH

+ SHIPPING MARKS：NKP MAURITIUS

+ IN CASE OF PRESENTATION OF DISCREPANT DOCUMENTS，A DISCREPANCY FEE OF USD75. –

OR EQUIVALENT PER SET OF DOCUMENTS SHALL BE LEVIED.

+ AN EXTRA COPY OF INVOICE AND PHOTOCOPY OF ORIGINAL TRANSPORT DOCUMENT IS REQUIRED FOR ISSUING BANK'S FILE. USD 10 OR

EQUIVALENT WILL BE CHARGED IF THIS CONDITION IS NOT RESPECTED.

71D：Charges

ALL BANK CHARGES OUTSIDE MAURITIUS

ARE FOR ACCOUNT OF APPLICANT.

48：Period for Presentation in Days

10/DAYS

49：Confirmation Instructions

WITHOUT

78：Instructions to the Paying/Accepting/Negotiating Bank PLEASE SEND DOCUMENTS BY COURIER SERVICE TO THE MAURITIUS COMMERCIAL BANK LIMITED，ATTN：TRADE FINANCE OPERATIONS，2ND FLOOR，MCB HEAD OFFICE，9 – 15，SIR WILLIAM NEWTON STREET，PORT LOUIS，MAURITIUS.

WE WILL REMIT PROCEEDS AS INSTRUCTED PROVIDED THAT ALL DOCUMENTS ARE IN CONFORMITY WITH L/C TERMS.

57D：Advise Through Bank

INDUSTRIAL AND COMMERCIAL BANK OF CHINA QINHUANGDAO BRANCH CHINA

A/C：0404010209225044906

附件：信用证原样（请扫码信用证原样）

信用证原样

拓 展 训 练

训练 2

业务资料：

秦皇岛天远进出口有限公司和澳大利亚 OBJECTIVE LEARNING MATERIALS 公司签订了出口三角板的国际货物买卖合同，进口商开立信用证寄交通知行，请模拟秦皇岛天远进出口有限公司出口业务代表，审核对外方开来的信用证，并依据合同提出不符点。资料补充如下：

资料 1：

秦皇岛市天远进出口有限公司
QINHUANGDAO CITY TIANYUAN IMP/EXP CO., LTD.
FLOOR 8, NO. 8 TIANTAISHAN ROAD, DEVELOPMENT ZONE, QINHUANGDAO, CHINA

E-mail： No：AB066
Fax： Date：July 2, 2022
Tel： Buyers：OBJECTIVE LEARNING MATERIALS

销售合同
SALES CONTRACT

TO Messers：

兹确认售予你方下列货品，其成交条款如下：
We hereby confirm having sold to you the following goods on terms and conditions as specified below：

（1）Name of Commodity	（2）Quantity	Unit	（3）Unit Price	（4）Total Amount
SET SQUARE CURVE NO. DM3	1,000	PC	USD 5.9	USD 5,900.00

价格条款：Price Term：FOB SHANGHAI

TOTAL：USD 5,900.00

（5）包装：Packing：_____

（6）装运条款：在_____期间从中国口岸运至_____，允许分批和转船，但信用证须于装运期前____天开到秦皇岛。

Shipment：During AUG, 2022 from Chinese ports to MELBOURNE, AUSTRALIA. Allowing partial shipments & transshipment, provided the covering L/C reaches Qinhuangdao ____ days before the shipping period stipulated herein.

（7）Payment：L/C 30 DAYS

（8）保险：[ ] 按照中国人民保险公司的海洋运输货物条款，照发票金额110%投保一切险和战争险，保至目的港为止。[ ] 由买方自理。[ ] 如陆运，投保陆上运输险。
Insurance：[ ] Covering All Risks & War Risks, for 110% of invoice value up to the port of destination, as per the O. M. C. C of the people's Insurance Co. of China. [√] To be effected by Buyers. [ ] If land transportation, covering land transportation cargo insurance.

（9）装船标记：Shipping Marks：

（10）一般条款：（详见背面）General terms & Conditions：（pls see overleaf）

（11）备注：Remarks：

买方：BUYERS   卖方：SELLERS

资料2：信用证

Form of Doc. Credit	*40 A	:	IRREVOCABLE
Doc. Credit Number	*20	:	1609021198
Date of issue	31 C	:	20220701
Expiry	*31D	:	Date 220921
			Place SHANGHAI, CHINA
Applicant	*50	:	OBJECTIVE LEARNING MATERIALS
			MELBOURNE, AUSTRALIA.
Beneficiary	*59	:	QINHUANGDAO CITY TIANYUAN IMP/EXP CO., LTD

FLOOR 8, NO.8 TIANTAISHAN ROAD, DEVELOPMENT ZONE, QINHUANGDAO, CHINA

Amount	32B	:	Currency USD Amount 5,900.00
Available with/by	*41D	:	ANY BANK
			BY NEGOTIATION OF BENEFICIARY'S
Drafts at	42C	:	SIGHT
Drawee	42A	:	BANK OF CHINA, QINHHUANGDAO
			(QINHUANGDAO BRANCH)
Partial shipments	43P	:	PROHIBITED
Transshipment	43T	:	PROHIBITED
Loading in Charge	44A	:	SHANGHAI, CHINA
For transport to	44B	:	
Latest Date of Ship.	44C	:	220831
Description of Goods	45A	:	

  CONTRACT NO.: N8TB336
  COMMODITY: SET SQUARE CURVE NO. DM3
  UNIT PRICE: USD 5.9/PC
  PRICE TERM: FOB SHANGHAI, CHINA
  PACKING: EXPORT STANDARD PACKING IN CONTAINER

Documents required 46A:

SIGNED COMMERCIAL INVOICE IN TRIPLICATE

FULL SET (1/3) CLEAN ON BOARD OCEAN BILLS OF LADING MADE OUT TO ORDER OF BANK OF CHINA (TIANJIN BRANCH) TIANJIN CN AND BLANK ENDORSED MARKED FREIGHT PREPAID AND NOTIFY APPLICANT.

  PACKING LIST/WEIGHT MEMORANDUM IN TRIPLICATE
  CERTIFICATE OF QUALITY SIGNED BY BUYER
  CERTIFICATE OF ORIGIN SIGNED BY SELLER

Details of Charges 71B:

ALL BANKING CHARGES OUTSIDE THE OPENING BANK ARE FOR BENEFICIARY'S ACCOUNT

Presentation Period	48:	21 DAYS
Confirmation	49:	WITHOUT
Instructions	78:	

ALL DOCUMENTS ARE TO BE PRESENTED TO US IN ONE LOT BY 1ST AVAILABLE AIRMAIL THROUGH BANK OF CHINA SEOUL THIS CREDIT IS SUBJECT TO THE UNIFORM CUSTOMS AND PRACTICE FOR DOCUMENTARY CREDITS 1993 VERSION I. C. C. PUBLICATION NO 600

WE HEREBY UNDERTAKE THAT ALL DRAFTS DRAWN UNDER AND IN COMPLIANCE WITH THE TERMS OF THIS L/C WILL BE DULLY HONORED ON PRESENTATION

附件：跟单信用证统一惯例（ICC UCP600 中英文对照版）（请扫码压缩包 UCP600）

跟单信用证统一惯例（ICC UCP600 中英文对照版）

项目三　缮制商业单据

知识目标

熟悉商业发票的分类和作用
熟悉包装单据的种类
熟悉商业发票和包装单据的主要内容

技能目标

读懂信用证条款和合同条款
熟练缮制商业发票
熟练缮制包装单据
熟练审核商业发票和包装单据

素质目标

培养认真工作的态度
培养遵纪守法的意识
培养精益求精的工匠精神

项目三　缮制商业单据

任务一　缮制商业发票

任务发布

专　业			课程名称	
项目三	缮制商业单据		工作任务一	缮制商业发票
学　时			组　别	
姓　名	组长：	成员：		
任务情境				
秦皇岛天远进出口有限公司（QINHUANGDAO CITY TIANYUAN IMP/EXP CO.，LTD.，FLOOR 8, NO. 8 TIANTAISHAN ROAD，DEVELOPMENT ZONE，QINHUANGDAO CHINA）和毛里求斯 NE KWET PIN LTD. NE KWET PIN LTD.，×× ROYAL STREET PORT LOUIS，MAURITIUS 公司签订了出口水彩的国际货物买卖合同，秦皇岛天远进出口有限公司对外方开来的信用证审核无误后，备齐货物准备办理出口手续。缮制出口单据——商业发票。 INVOICE NO：21WHD201 INVOICE DATE：MAR，12，2021 PACKING：PACKED IN STRONG EXPORT CARTON WITH STRAPS GROSS WEIGHT：2,789.00KGS NET WEIGHT：2,559.00KGS				
工作与学习目标				
熟知商业发票的内容及缮制规范 根据资料熟练完成商业发票的缮制 准确审核商业发票 归纳总结易错栏目的缮制技巧				
工作任务				
根据背景资料缮制商业发票				

知识储备

一、商业发票的含义及作用

商业发票（Commercial Invoice），又称为发票，是卖方开立的载有货物名称、数量、价格等内容的清单，作为买卖双方交接货物和结算货款的主要单证，其也是进口国确定征收进口关税的依据，也是买卖双方索赔、理赔的依据。

商业发票是出口贸易结算单据中最重要的单据之一，所有其他单据都应以它为中心来缮制。因此，在制单顺序上，往往首先缮制商业发票。

商业发票的作用有以下几个方面：

（1）可供进口商了解和掌握装运货物的全面情况。

（2）作为进口商记账、进口报关、海关统计和报关纳税的依据。

（3）出口商根据发票的内容，逐笔登记入账。在货物装运前，出口商需要向海关递交商业发票，作为报关发票，海关凭以核算税金，并作为验关放行和统计的凭证之一。

（4）在不用汇票的情况下，发票可以代替汇票作为付款依据。

（5）一旦发生保险索赔时，发票可以作为货物价值的证明。

二、商业发票的缮制要求

商业发票没有统一规定的格式，每个出具商业发票的单位都有自己的发票格式。虽然格式各有不同，但是，商业发票填制的项目大同小异。一般来说，商业发票在结构上分为首文、本文和结尾三部分。首文部分应该列明发票的名称、发票号码、合同号码、发票的出票日期和地点，以及船名、装运港、卸货港、发货人、收货人等。本文部分主要包括唛头、商品名称、货物数量、规格、单价、总价毛重/净重等内容。结尾部分一般包括信用证中加注的特别条款和出票人签章。

1. 出票人（Issuer）

填写出票人（即出口商）的英文名称和地址，在信用证支付方式下，应与信用证受益人的名称和地址保持一致。

出票人名称和地址在发票的正上方，一般来说，出票人名称和地址是相对固定的，因此有许多出口企业在缮制单据时，将出票人编入程序。

2. 发票名称（Name）

发票上应有"Invoice"（发票）字样。一般情况下应按信用证对发票的具体要求制作，如果信用证要求提供的是"Commercial Invoice"（商业发票），则发票的名称必须有"Commercial"字样，否则发票与信用证的要求不符。

3. 受票人（To）

受票人也称发票抬头人，此项必须与信用证中所规定的严格一致。多数情况下填写进口商的名称和地址，且应与信用证开证申请人的名称和地址一致。如信用证无规定，即将信用证的申请人或收货人的名称、地址填入此项。如信用证中无申请人名字则用汇票付款人。在其他支付方式下，可以按合同规定列入买方名址。

4. 发票号（No.）

由出口企业自行编制，一般采用顺序号，以便查找核对，同时也可以作为同一票业务项下汇票的号码。

5. 发票日期（Date）

在全套单据中，发票是签发日较早的单据。它只要不早于合同的签订日期，不迟于提单的签发日期即可。一般都是在信用证开证日期之后、信用证有效期之前。

6. 运输说明（Transport Details）

填写运输工具或运输方式，一般还加上运输工具的名称；运输航线要严格与信用证一致。如果在中途转运，在信用证允许的条件下，应表示转运及其地点。

例如：From Tianjin to Liverpool on July 19, 2023 By Vessel.（所有货物于 2023 年 7 月 19 日通过海运，从天津港运往利物浦港。）

7. 合同号（S/C No.）

发票的出具以买卖合同作为依据，但买卖合同不都以"S/C"为名称。有时出现"Order""P. O.""Contract"等。因此，当合同的名称不是"S/C"时，应将本项的名称修改后，再填写该合同的号码。

8. 信用证号（L/C No.）

信用证结算方式下的发票需列明信用证号码，作为出具发票的依据。若不是信用证方式付款，本栏留空或删去此栏。

9. 支付条款（Term of Payment）

填写合同支付方式和期限，格式为："支付方式 + 期限"

例如：

T/T　30% in advance and 70% within 30 days after shipment date

L/C　　at sight

D/P　　at sight

D/A　　at 30 days after sight

10. 唛头及件数编号（Marks and Numbers）

当信用证上有关于唛头的规定，必须按规定制唛。商业发票中的唛头应与业务中的其他单据上的唛头保持一致。信用证中未对唛头做规定时，出口商可以自行设计唛头，如果无唛头，填写 N/M。国际标准唛头包括收货人代号、业务参考号、目的地和件数四部分。

例如：

GRENN

2023QHD123

LIVERPOOL

NO. 1 – 150

11. 货物描述（Description of Goods）

精益求精的工匠精神——银行能否拒付

货物描述是发票的主要部分，此栏应详细填明各项商品的英文名称及规格。品名规格应该严格按照信用证的规定或描述填写。货物的数量应该与实际装运货物相符，同时符合信用证的要求，如信用证没有详细的规定，必要时可以按照合同注明货物数量，但不能与信用证内容相抵触。

例如：
CANNED SWEET CORN
3,060G×6TINS/CTN

12. 数量（Quantity）

货物的销售数量与计量单位连用，如：600PCS（注意单位的单复数）。注意该数量和计量单位既要与实际装运货物情况一致，又要与信用证保持一致。

13. 单价（Unit Price）

单价由四个部分组成：计价货币、计量单位、单位数额和贸易术语。如果信用证有规定，应与信用证保持一致；如果信用证没有规定，则应与合同保持一致。

14. 总价（Amount）

发票总金额通常是可以收取的价款，是发票上列明的单价与数量的乘积，不得超过信用证规定的总金额。如果合同中包含佣金，而信用证未加以规定，其总金额中已扣除了佣金，则发票应能够反映扣除佣金的全过程，即同时表示出含佣价、佣金和净价。

15. 特殊条款（Special Terms）

"附加的证明类语句"是否一定要体现在发票中

在信用证中，除了要求一般的发票内容外，有时还会要求在发票中列明某些事项的条款。在缮制发票时，可将上述内容打在发票的商品描述栏内。在实际业务中，常见的要求有：列明货物的 FOB 金额、运费、保险费，注明货物的原产地，以及需要证明的其他事项。

16. 签名（Signature）

一般由出口公司的法人代表或经办制单人员代表公司在此签名，并注明公司名称。UCP600 第 38 条规定，发票无须签字。但当信用证要求"Signed Invoice"，这时发票就需要签署；而要求"Manually Signed Invoice"时，该发票必须是手签。

商业发票的格式如样单 3-1-1 所示。

样单 3-1-1 商业发票

Issuer (1)	COMMERCIAL INVOICE (2)		
To (3)			
	No. (4)		Date (5)
Transport details (6)	S/C No. (7)		L/C No. (8)
	Terms of payment (9)		
Marks and numbers (10)	Number and kind of packages Description of goods (11)	Quantity (12)	Unit price (13)	Amount (14)
TOTAL (15)				(16)

三、其他形式的发票

其他形式发票模版

1. 形式发票（Proforma Invoice）

形式发票是在没有正式合同之前，经双方签字或盖章之后产生法律效力的充当合同的文件，它包括产品描述、单价、数量、总金额、付款方式、包装、交货期等。形式发票本来只是在客户确认了价格并下了定单之后卖方所做的使对方再次确认的发票，但在没有正式合同之前形式发票即合同。

这种发票本来是卖方在推销货物时，为了供买方估计进口成本，假定交易已经成立所签发的一种发票。实际上，并没有发出货物的事实，正因为如此，这种发票也被称为"试算发票"。

形式发票只是报价单或意向书，不能用于托收和议付。形式发票所标注的单价等，也仅仅是出口商根据当时的情况所作出的估计，对双方都无最终约束力。所以，形式发票只是一种估价单，正式成交后还要另外重新缮制商业发票。

2. 海关发票（Customs Invoice）

海关发票是出口商应进口国海关要求出具的一种单据，基本内容和普通的商业发票类似，其格式一般由进口国海关统一制定并提供，主要是用于进口国海关统计、核实原产地、查核进口商品价格的构成等。

海关发票是由有关国家政府规定的，其内容比一般的商业发票复杂。尽管各国制定的海关发票格式不同，但一般包括三大部分，即价值部分（Certificate of Value）、产地部分（Certificate of Origin）和证明部分（Declaration），所以海关发票通常被称为"Combined Certificate of Value and of Origin"。

海关发票供进口国海关核定货物的原产地，以采取不同的国别政策；供进口商向海关办理进口报关、纳税等手续；供进口国海关掌握进口商品在出口国市场的价格情况，以确定是否低价倾销，以便征收反倾销税；供进口国海关作为统计的依据。

3. 领事发票（Consular Invoice）

领事发票是出口方根据进口方国家驻在出口国领事馆或其邻近地区领事馆规定的固定格式内容填制并经领事签证的发票，作为有关货物进口报关的前提条件之一。有些国家不要求按固定格式填写，而规定由其领事在普通商业发票上签证，亦具有同等效力。凡要求提供领事发票的国家，在开出信用证时，一般都须加列提交领事发票的特别条款。出口商在向领事馆申请签证时，都要提供进口国的进口许可证，以资核签。各国领事馆计收的签证费不尽相同，有的是按每笔计收固定金额，有的则按货值计收若干比例，实质上是变相加收进口税。

4. 厂商发票（Manufacturer's Invoice）

厂商发票是由出口货物的制造厂商所出具的以本国货币为计价单位，用来证明出口国国内市场出厂价格的发票,其目的是供进口国海关估价、核税以及征反倾销税之用。如果国外来证有此要求,应参照海关发票有关国内价格的填制办法处理。

任务实施

任务实施步骤
1. 查阅并审核背景资料 2. 根据背景材料缮制商业发票(附表3-1-1) 3. 自我审核 4. 小组成员交换审核
任务实施过程纪要

附表 3-1-1　商业发票

Issuer	COMMERCIAL INVOICE	
To	No.	Date
Transport details	S/C No.	L/C No.
	Terms of payment	

Marks and numbers	Number and kind of packages Description of goods	Quantity	Unit price	Amount

任务实施评价

序号	评价内容	得分			综合得分
		自评（40%）	组评（30%）	师评（30%）	
1	商业发票缮制规范掌握情况（10分）				
2	商业发票缮制（60分）				
3	商业发票审核（20分）				
4	小组协作（10分）				
	合计				

任务总结

商业发票缮制要点

在本任务的实施过程中遇到了哪些问题？是如何解决的？

拓展训练

训练1

业务资料：

秦皇岛天远进出口有限公司和澳大利亚 OBJECTIVE LEARNING MATERIALS 公司签订了出口三角板的国际货物买卖合同，秦皇岛天远进出口有限公司对外方开来的信用证审核无误后，备齐货物准备办理出口手续。缮制出口单据——商业发票。资料补充如下：

参照样单2-1-1的合同

INVOICE NO：13WHD206

INVOICE DATE：JULY, 26, 2022

PACKING：PACKED IN STRONG EXPORT CARTON

GROSS WEIGHT：375.00KGS

NET WEIGHT：310.00KGS

Issuer	COMMERCIAL INVOICE	
	No.	Date
To		
Transport details	S/C No.	L/C No.
	Terms of payment	
Marks and numbers	Number and kind of packages Description of goods	Quantity	Unit price	Amount

任务二 缮制包装单据

任务发布

专业		课程名称	
项目三	缮制商业单据	工作任务二	缮制包装单据
学　时		组　别	
姓　名	组长：　　　　成员：		
任务情境			
秦皇岛天远进出口有限公司（QINHUANGDAO CITY TIANYUAN IMP/EXP CO., LTD., FLOOR 8, NO. 8 TIANTAISHAN ROAD, DEVELOPMENT ZONE, QINHUANGDAO CHINA）和毛里求斯 NE KWET PIN LTD., ×× ROYAL STREET PORT LOUIS, MAURITIUS 公司签订了出口水彩的国际货物买卖合同，秦皇岛天远进出口有限公司对外方开来的信用证审核无误后，备齐货物准备办理出口手续。缮制出口单据——包装单据 INVOICE NO：21WHD201 INVOICE DATE：MAR. 12，2021 PACKING：PACKED IN STRONG EXPORT CARTON WITH STRAPS GROSS WEIGHT：2,789.00KGS NET WEIGHT：2,559.00KGS MEASTS：5.750M^3			
工作与学习目标			
熟知包装单据的内容及缮制规范 根据资料熟练完成装箱单的缮制 准确审核装箱单 归纳总结易错栏目的缮制技巧			
工作任务			
根据背景资料缮制装箱单			

知识储备

推动绿色发展，促进人与自然和谐共生

包装单据（Packing Documents）是指一切记载或描述商品包装情况的单据，是商业发票的附属单据，也是货运单据中的一项重要单据。国际贸易交易中的货物，除了一小部分货物属于散装货物或裸装货物外，绝大多数货物都需要包装。进口地海关验货、公证行检验、进口商核对货物时，都以包装单据为依据，从而了解包装内的具体内容，以便其接收、销售。

一、包装单据的种类

在国际贸易中，商品种类繁多，包装也有所差别，不同的包装有不同的包装单据，常见的包装单据有以下几种：

1. 装箱单（Packing List/Packing Slip）

装箱单又称包装单，是指记载或描述商品包装情况的单据，表明货物名称、规格、数量、唛头、箱号、件数和重量，以及包装情况，尤其对不定量包装的商品要逐件列出每件包装的详细情况。对定量箱装，每件商品都是统一的重量，则只需说明总件数多少，每箱多少重量，合计重量多少；如果信用证来证条款要求提供详细包装单，则必须提供尽可能详细的装箱内容，描述每件包装的细节，包括商品的货号、色号、尺寸搭配、毛净重及包装的尺寸等内容。

2. 重量单（Weight List/Weight Note）

重量单模版

除了装箱单上提供的内容外，重量单会尽量详细地标明商品每箱毛重、净重及总重量的情况，供买方安排运输、存仓时参考。重量单一般要具备编号及日期、商品名称、唛头、毛重、净重、皮重、总件数等内容。

3. 尺码单（Measurement List）

尺码单模版

尺码单侧重说明货物每件的尺码和总尺码,即在装箱单内容的基础上重点说明每件不同规格项目的尺码和总尺码。如果货物不是统一尺码的应逐一列明每件的尺码。

4. 其他

除了以上还有花色搭配单(Assortment List)、包装说明(Packing Specification)、详细装箱单(Detailed Packing List)、包装提要(Packing Summary)、重量证书(Weight Certificate/Certificate of Weight)、磅码单(Weight Memo)等。

二、装箱单的缮制要求

装箱单没有统一规定的格式,每个出具装箱单的公司都有自己的格式。虽然格式各有不同,但是装箱单填制的项目大同小异,主要包括:包装单名称、编号、日期、唛头、货名、规格、包装单位、件数、每件的货量、毛净重以及包装材料、包装方式、包装规格及签章等(样单3-2-1)。

1. 装箱单名称(Packing List)

应按照信用证规定使用,通常用"Packing List"。

2. 出票人(Issuer)

填写出票人(即出口商)的英文名称和地址,在信用证支付方式下,应与信用证受益人的名称和地址保持一致。

3. 受票人(To)

填写进口商的名称和地址。

4. 编号(No.)

装箱单编号一般与商业发票号码一致。

5. 出单日期(Date)

出单日期填写商业发票日期。

6. 合同号(S/C No.)

填写此票货的合同号或者销售合同书号。

7. 唛头(Shipping Mark)

与发票一致,有的标注实际唛头,有时也可以只标注"as per invoice No. ×××"。如果无唛头,填写N/M。

8. 货物描述(Description of Goods)

要求与发票一致。

货名如有总称,应先注总称,然后逐项列明详细货名。

9. 数量(Quantity)

应注明此箱内每件货物的包装件数。

10. 毛重(G.W)

填写每个包装件的毛重。如果有几种不同的规格,每种规格的毛重不同,应分别列出毛重,并累计毛重总量。

11. 净重(Net Weight)

注明每个包装件的净重和此包装件内不同规格、品种、花色货物各自的总净重,最后在合计栏处注明总净重。

12. 箱外尺寸（Measurement）

注明每个包装件的尺寸。

13. 合计（Total）

此栏对 9、10、11 栏合计。

14. 出票人签章（Signature）

应与发票相同，如信用证规定包装单为"中性包装"，则在包装单内不应出现买卖双方的名称，不能签章。

样单 3－2－1　装箱单

Issuer			PACKING LIST			
			Invoice No.			
To			Invoice Date			
			S/C No.			
Marks and numbers	Description of goods	Quantity	Package	G. W	N. W	Meas.
TOTAL						

项目三　缮制商业单据

任 务 实 施

任务实施步骤
1. 查阅并审核背景资料 2. 根据背景材料缮制装箱单（附表 3-2-1） 3. 自我审核 4. 小组成员交换审核
任务实施过程纪要

附表 3–2–1 装箱单

Issuer		PACKING LIST	
		Invoice No.	
To		Invoice Date	
		S/C No.	
Marks and numbers	Description of goods	Quantity	Package	G. W	N. W	Meas.
TOTAL						

任务实施评价

序号	评价内容	得分			综合得分
		自评（40%）	组评（30%）	师评（30%）	
1	装箱单缮制规范掌握情况（10分）				
2	装箱单缮制（60分）				
3	装箱单审核（20分）				
4	小组协作（10分）				
	合计				

任务总结

装箱单缮制要点

在本任务的实施过程中遇到了哪些问题？是如何解决的？

拓展训练

训练2

业务资料：

秦皇岛天远进出口有限公司和澳大利亚 OBJECTIVE LEARNING MATERIALS 公司签订了出口三角板的国际货物买卖合同，秦皇岛天远进出口有限公司对外方开来的信用证审核无误后，备齐货物准备办理出口手续。缮制出口单据——装箱单。资料补充如下：

参照样单2-1-1的合同

INVOICE NO：13WHD206

INVOICE DATE：JULY，26，2022

PACKING：PACKED IN STRONG EXPORT CARTON

GROSS WEIGHT：375.00KGS

NET WEIGHT：310.00KGS

Issuer		PACKING LIST				
To		Invoice No.				
		Invoice Date				
		S/C No.				
Marks and numbers	Description of goods	Quantity	Package	G.W	N.W	Meas.
TOTAL						

项目四　缮制运输单据

知识目标

熟悉运输单据的种类
掌握海运提单的性质和种类
熟悉航空运单的特点
熟悉多式联运提单的内容

技能目标

掌握海运提单的缮制要点
掌握航空运单的缮制要点
掌握多式联运运单的缮制要点

素质目标

培养严谨认真的工作态度
培养团队协作能力
遵守外贸单证员职业道德

任务一　缮制海运提单

任务发布

专　业		课程名称	
项目四	缮制运输单据	工作任务一	缮制海运提单
学　时		组　别	
姓　名	组长：　　　　成员：		

任务情境

秦皇岛天远进出口有限公司（QINHUANGDAO CITY TIANYUAN IMP/EXP CO., LTD., FLOOR 8, NO. 8 TIANTAISHAN ROAD, DEVELOPMENT ZONE, QINHUANGDAO CHINA）和毛里求斯 NE KWET PIN LTD., ×× ROYAL STREET PORT LOUIS, MAURITIUS 公司签订了出口水彩的国际货物买卖合同，秦皇岛天远进出口有限公司对外方开来的信用证审核无误后，备齐货物办理出口手续并完成装船。船公司或者货代公司将开具提单，请熟悉提单要点并完成缮制。

INVOICE NO：21WHD201
INVOICE DATE：MAR 12，2021
PACKING：PACKED IN STRONG EXPORT CARTON WITH STRAPS
GROSS WEIGHT：2,789.00KGS
NET WEIGHT：2,559.00KGS
PRICE：CIF Louis USD 340/kg
信用证条款：
　APPLICANT ＊50：QINHUANGDAO CITY TIANYUAN IMP/EXP CO., LTD., FLOOR 8, NO. 8 TIANTAISHAN ROAD, DEVELOPMENT ZONE, QINHUANGDAO CHINA
　BENIFICIARY ＊59：NE KWET PIN LTD., ×× ROYAL STREET PORT LOUIS, MAURITIUS
　LOADING IN CHARGE 44 A：TianJin Port
　FOR TRANSPORT TO...44B：Louis Port
　DESCRIPT. OF GOODS 45 A：Watercolor
　ITEM NO.　　　QUANTITY　　　　　UNIT PRICE
　1411　　　　2,789.00KGS　　　　340USD
　AS PER SALES CONFIRMATION NO. 2021MCGS0
　TOTAL AMOUNT：USD 12,614.00
　PARTIAL SHIPMENTS：ALLOWED
　TRANSSHIPMENT：ALLOWED
　DOCUMENTS REQUIRED 46 A：
　MARINE INSURANCE POLICY OR CERTIFICATE IN DUPLICATE, ENDORSED IN BLANK, FOR FULL INVOICE VALUE PLUS 10 PERCENT, STATING WAR RISKS, MARKED PREMIUM PAID.

续表

工作与学习目标
熟知提单的内容及缮制规范 根据资料熟练完成提单的缮制 准确审核提单 归纳总结易错栏目的缮制技巧
工作任务
根据背景资料缮制提单

知识储备

一、提单的含义及作用

海运提单,简称提单(Bill of Lading,B/L)是货物的承运人或其代理人收到货物后,签发给托运人的一种证件。这个证件说明了货物运输有关当事人,如承运人、托运人和收货人之间的权利与义务。提单的作用主要表现为以下几个方面:

(1)提单是承运人或其代理人签发的货物收据(Receipt for the Goods),证明已按提单所列内容收到货物。

(2)提单是一种货物所有权的凭证(Documents of Title)。提单的合法持有人凭提单可以在目的港向轮船公司提取货物,也可以在载货船舶到达目的港之前,通过转让提单而转移货物所有权,或凭以向银行办理押汇贷款。

(3)提单是托运人与承运人之间所订立的运输契约的证明(Evidence of Contract of Carrier)。在班轮运输的条件下,它是处理承运人与托运人在运输中产生争议的依据;包租船运输的条件下,承运人或其代理人签发的提单也是运输契约的证明。这种运输的契约是租船合同(Charter Party),它是处理承运人(船东)与租船人在运输中的权利义务的依据。

二、提单的种类

应具有风险意识和遵纪守法的意识

提单可以从不同角度加以分类,主要有以下几种:

(1)根据货物是否装船可分为已装船提单和备运提单。已装船提单(On Board B/L or Shipped B/L),是指承运人已将货物装上指定的船只后签发的提单。这种提单的特点是提单上面有载货船舶名称和装货日期。备运提单（Received for Shipment B/L），是指承运人收到托运的货物待装船期间，签发给托运人的提单。这种提单上面没有装船日期，也无载货的具体船名。在国际贸易中，一般都必须是已装船提单。《跟单信用证统一惯例》规定，在信用证无特殊规定的情况下，要求卖方必须提供已装船提单。银行一般不接受备运提单。

（2）根据货物表面状况有无不良批注，分为清洁和不清洁提单。清洁提单（Clean B/L），是指货物装船时，表面状况良好，承运人在签发提单时未加任何货损、包装不良或其他有碍结汇批注的提单。不清洁提单（Unclean B/L or Foul B/L），是指承运人收到货物之后，在提单上加注了货物外表状况不良或货物存在缺陷和包装破损的提单。例如，在提单上批注"铁条松失"（Ironstrip Loose of Missing）、"包装不固"（Insufficiently Packed）、"X件损坏"（X Package in Damage Condition）等。但是，并非提单有批注即为不清洁提单。

国际航运公会（International Chamber of Shipping）于1951年规定下列三种内容的批注不能视为不清洁：第一，不清晰地标注货物或包装不能令人满意，如只批注"旧包装""旧箱""旧桶"等；第二，强调承运人对于货物或包装性质所引起的风险不负责任；第三，否认承运人知悉货物内容、重量、容积、质量或技术规格。这三项内容已被大多数国家和航运组织所接受。在使用信用证支付方式时，银行一般不接受不清洁提单。有时在装船时会发生货损或包装不良，托运人常要求承运人在提单上不作不良批注，而向承运人出具保函，也称赔偿保证书（Letter or Indemnity），向承运人保证如因货物破残损以及承运人因签发清洁提单而引起的一切损失，由托运人负责。承运人则给予灵活处理，签发清洁提单，便于在信用证下结汇。对这种保函，有些国家法律和判例并不承认，如美国法律认为这是一种欺骗行为。所以，使用保函时要视具体情况而定。

（3）根据收货人抬头分为记名提单、不记名提单和指示提单。记名提单（Straight B/L），又称收货人抬头提单，它是指在提单的收货人栏内，具体写明了收货人的名称。由于这种提单只能由提单内指定的收货人提货，所以提单不易转让。不记名提单（Open B/L），又称空白提单，是指在提单收货人栏内不填具体的收货人或指示人的名称而留空的提单。不记名提单的转让不需要任何背书手续，仅凭提单交付即可，提单持有者凭提单提货。指示提单（Order B/L），是指收货人栏内，只填写"凭指示"（To order）或"凭某人指示"（To order of…）字样的一种提单。这种提单通过背书方式可以流通或转让，所以又称可转让提单。

（4）根据运输方式分为直达提单、转船提单和联运提单。直达提单（Direct B/L），是指轮船装货后，中途不经过转船而直接驶往指定目的港，由承运人签发的提单。转船提单（Transshipment B/L），是指货物经由两程以上船舶运输至指定目的港，而由承运人在装运港签发的提单。转船提单内一般注明"在某港转船"的字样。联运提单（Through B/L），是指海陆、海空、海河、海海等联运货物，由第一承运人收取全程运费后并负责代办下程运输手续在装运港签发的全程提单。卖方可凭联运提单在当地银行结汇。

转船提单和联运提单虽然包括全程运输，但签发提单的承运人一般都在提单上载明只负责自己直接承运区段发生的货损，只要货物卸离他的运输工具，其责任即告终止。

（5）根据提单内容的繁简分为全式提单和略式提单。全式提单（Long Form B/L），是指大多数情况下使用的既有正面内容又带有背面条款的提单。背面提单条款详细规定了承运人与托运人的权利与义务。略式提单（Short Form B/L），是指省略提单背面条款的提单。

（6）根据其他情况分为舱面提单、过期提单、倒签提单和预借提单。舱面提单（On Deck B/L），又称甲板货提单，是指对装在甲板上的货物所签发的提单。在这种提单上一般都有"装舱面"（On Deck）字样。舱面货（Deck Cargo）风险较大，根据《海牙规则》规定，承运人对舱面货的损坏或灭失不负责任。因此，买方和银行一般都不愿意接受舱面提单。但有些货物，如易燃、易爆、剧毒、体积大的货物和活牲畜等必须装在甲板上。在这种情况下，合同和信用证中就应规定"允许货物装在甲板上"的条款，这样，舱面提单才可结汇。但采用集装箱运输时，根据《汉堡规则》规定和国际航运中的一般解释，装于舱面的集装箱是"船舱的延伸"，与舱内货物处于同等地位。

过期提单（Stale B/L），是指卖方向当地银行交单结汇的日期与装船开航的日期相距太久，以致银行按正常邮程寄单预计收货人不能在船到达目的港前收到的提单。此外，根据《跟单信用证统一惯例》规定，在提单签发日期后21天才向银行提交的提单也属过期提单。

倒签提单（Antedated B/L），是指承运人应托运人的要求，签发提单的日期早于实际装船日期的提单，以符合信用证对装船日期的规定，便于在该信用证下结汇。装船日期的确定，主要是通过提单的签发日期证明的。提单日期不仅对买卖双方有着重要作用，而且银行向收货人提供垫款和向发货人转账，对海关办理延长进口许可证，对海上货物保险契约的生效等都有密切关系。因此，提单的签发日期必须依据接受货物记录和已装船的大副收据签发。

在出口业务中，往往在信用证即将到期或不能按期装船时，采用倒签提单。有人认为倒签提单是解决迟期装船的有效方式，用起来特别随便，好像是一种正常签发提单的方式。根据国际贸易惯例和有关国家的法律实践，错填提单日期，是一种欺骗行为，是违法的。

预借提单（Advanced B/L）又称无货提单，是指因信用证规定装运日期和议付日期已到，货物因故而未能及时装船，但已被承运人接管，或已经开装而未装毕，托运人出具保函，要求承运人签发已装船提单。预借提单与倒签提单同属一种性质，为了避免造成损失，尽量不用或少用这两种提单。

（7）电子提单（Electronic B/L），是通过EDI技术将纸面提单的全部内容与条款以电子数据交换系统进行传送的，有关海上货物运输合同证明的电子数据。电子提单不是书面单证，而是显示在计算机屏幕上的一系列结构化了的电子数据。有关各方，包括卖方、发货人或托运人、银行、商品检验检疫机构、保险公司、港口、买方和收货人，都以承运人为中心，通过专用计算机密码完成在货物运输过程中的货物交付和所有权的转让。采取电子收货人提货，不需要出示任何书面文件，只要出示身份证明，由船舶代理验明即可。

三、提单的缮制要求

海运提单的格式因不同的国家、不同的船运公司而有所不同，但其内容和项目基本一致，以中远海运提单为例（样单4-1-1）。

1. 托运人（Shipper）

托运人即委托承运人装货的货主。一般应按信用证规定以受益人名称及地址填写托运人。如果信用证未规定受益人的地址，提单也可以不填地址，保持单证一致。根据《跟单信用证统一惯例》规定，除非信用证特别规定不得以第三者为发货人，则提单允许以第三者为发货人。信用证要求以某外商为发货人，一般不能接受，尤其当信用证规定提单为空白抬头时。

托收支付方式项下的提单发货人，应按合同规定填写合同中的卖方。

2. 收货人（Consignee）

该栏为提单的抬头，在信用证支付方式下应严格按信用证规定制作；如为托收支付方式下的提单，则一般只做成空白指示或托运人指示提单，即在该栏打上"To order"或"To order of Shipper"等字样，切不可做成以买方为抬头人的提单，也不可做成以买方为指示人的提单，以免货款尚未收到时，物权业已转移。

3. 通知人（Notify Party）

这是货物到达目的港时发送到货通知的对象。如果来证规定了通知人应严格按信用证的要求填写被通知人的名称和地址。如果是记名提单或凭收货人指示的提单，而收货人又有详细地址，则此栏一般可不填，信用证往往也不做规定；如果是空白指示提单或非收货人指示的提单，则必须填写通知人名称及详细地址。但无论如何提单的副本都要填写通知人的名称及详细地址，且"ONLY"字样照填。

4. 提单号码（B/L No.）

提单上必须注明提单号，此号码十分重要，不可漏打。该号码主要是便于工作联系，便于通知和核查。没有号码的提单无效。

5. 联运提单

若为联运提单，则其上应包括以下内容。

（1）前段运输（Pre‐carriage by），本栏应填写第一段运输方式的运输工具的名称。如货物从合肥经火车运往上海，由上海装船运往国外。则此处填"by Train"或"by Wagon No. ×××"。

（2）收货地点（Place of Receipt），本栏填前段运输承运人接收货物的地点，如合肥。

（3）交货地点（Place of Delivery），是指最终目的地，如货物从南通海运至美国旧金山，然后再由旧金山陆运至芝加哥，则交货地点应填写芝加哥。

6. 船名及航次（Name of Vessel，Voy. No.）

应按装船的实际情况缮制，若无航次号可不填。如果是联运方式而其中包括有海运者，则本栏填其中海运的船名及航次号。

7. 装运港（Port of Loading）

填写实际装船港口的具体名称。如信用证规定为"Chinese Port"，提单上的装运港栏则填中国范围内实际的具体港口名称，如"XINGANG"（新港）或"GUANGZHOU"（广州），而不能按信用证规定照填"Chinese Port"。如果信用证规定的装货港与实际装货港不符，应及时修改信用证，以免影响出口结汇。

8. 卸货港（Port of Discharge）

在直达船运输的情况下，此栏即为最终的目的港。若在转运的情况下，该栏所填写的应是第一程海运船只上的货物卸下的地点。例如，货物从上海（SHANGHAI）运往洛杉矶（LOSANGELES），须在香港（HONGKONG）转船，则该栏目应填"HONGKONG"，而"LOSANGELES"应填在下一栏，即"Final Destination"栏内。

如信用证规定两个以上的港口者，或笼统规定"×××主要港口"，例如"European Main Ports"即欧洲主要港口时，只能选择其中之一或填明具体卸货港名称。

9. 唛头（Marks & Nos.）

如信用证有规定应严格按信用证规定缮制，上、下、左、右顺序都不可颠倒，并应与商业发票上的唛头保持一致；如信用证没有规定或不用信用证方式支付，可按商业发票上的唛头缮制，并注意做到单单一致。

提单上的唛头是重要的项目，因此本栏不能留空不填，若散装货物没有唛头，可以表示"No. Mark"或"N/M"。

10. 包装的件数和种类（No. and Kind of Packages）

填实际货物的件数和包装的单位，应与唛头中件号的累计数相一致。如散装货无包装件数者，可表示"In Bulk"。

如果在同一张提单上有两种以上包装单位，如 100 件中有 40 件是木箱装，60 件是纸箱装，应分别填写不同包装单位的数量，然后再表示件数。如：

40 Wooden cases

60 Cartons

100 Packages

11. 货名（Description of Goods）

提单上有关货物的名称，可以用概括性的商品的统称，不必列出详细规格，但应注意不能与来证所规定的货物的特征相抵触。例如，出口货物有餐刀、水果刀、餐叉、餐匙等，信用证上分别列明了各种商品的名称、规格和数量，提单上可用"餐具"这一统称来表示。又如，来证规定货物的名称为"复写纸"（Carbon Paper）。它是一种独特的商品，我们不能用"纸"（Paper）来代替复写纸，否则银行可以拒付。

12. 毛重（Gross Weight）

毛重即货物的总毛重。除非信用证另有规定，一般以公斤作为计量单位。

13. 尺码（Measurement）

尺码即货物的体积。除非信用证另有规定，一般以立方米作为计算单位，保留小数点后三位小数并注意与其他单据保持一致。

14. 大写件数（Total Packages in Words）

用大写英文字母打出，须与小写件数一致。

15. 运费支付情况的说明

除非信用证另有规定，此栏一般不填写运费的具体数额，只填写运费的支付情况。此栏应参照商业发票中的价格条件填写，十分重要，不可遗漏。如成交价格为 CFR、CIF，则应注明"运费已付"（Freight Prepaid），如成交价格为 FOB，则应注明"运费到付"（Freight Collect），以明确运费由谁支付。当有些来证要求注明所支付运费的金额时，只需按实际支付数额填写即可。

16. 正本提单的份数（No. of Original B/L）

一般来说，托收支付方式下的正本提单份数一至三份都可以。信用证支付方式项下的提单正本份数必须依据信用证规定，例如信用证规定："3/3 Original on Board Ocean Bills of Lading…"，则须出具三份正本。如果信用证规定为全套，则做成一份、两份或三份都可以，并用大写"ONE""TWO"或"THREE"表示。为了简化提单工作与减少重复提单在社会上造成的麻烦，《跟单信用证统一惯例》规定，提单可以是一套单独一份的正本单据。正本提单不论有多少份,其法律效力是一样的,其中任何一份正本提单提货后,其他各份正本提单即告失效。正本提单须有"Original"字样。

17. 提单的签发地点和日期（Place and Date of Issue）

提单的签发地点应是装货港的地点,如中途转船应是第一程船装货港的地点。提单的签发日期通常是装船完毕的那一天,该日期不得迟于信用证或合约所规定的最迟装运日期。

18. 装船批注的日期和签署（Laden on Board the Vessel Date…by…）

根据《跟单信用证统一惯例》的解释,如果提单上没有预先印就的"已装船"（Shipped on Board…）字样,则必须在提单上加注装船批注（On Board Notation）,装船批注中所显示的日期即视为货物的装船日期。

19. 承运人签署（Signed for the Carrier）

每份正本提单都必须有船方或其代理人的签章才能生效。根据《跟单信用证统一惯例》的规定,提单必须注明承运人的名称,然后由承运人或作为承运人的具名代理人或其代表,或船长或作为船长的具名代理人或代表签署。以上任何人的签字或证实均须表明其身份。

关于提单签字的式样,有以下几种参考格式:

（1）由承运人签发的提单:

ABC Shipping Co.

as carrier

（签署）

（2）由承运人的具名代理人签发的提单：

XYZ Shipping Co.,

As agent for（or"on behalf of"）

ABC Shipping Co.,（Carrier）

（签署）

（3）由船长签发的提单：

Smith（船长名）

master of

ABC Shipping Co.（承运人公司名）

（签署）

（4）由船长的具名代理人签发的提单：

MXN Co.,（代理人公司名称）

（签署）

As agent for（or"on behalf of"）Smith（船长名）

master of

ABC Shipping Co.,（承运人公司名）

（签署）

外贸公司在收到提单后应逐份检查签章有无遗漏,同时注意信用证是否有提单必须手签的条款,如有此规定必须手签。

在提单的缮制过程中还应注意,不属于上述范围内,但信用证上要求在提单上加注的内

项目四 缮制运输单据

容，如要求在提单上列名信用证的号码等，必须按信用证要求办理。

样单 4–1–1 海运提单

SHIPPER（托运人）（1）		B/L NO.（4） COSCO
CONSIGNEE（收货人）（2）		中国远洋运输（集团）总公司 **CHINA OCEAN SHIPPING（GROUP）CO.**
NOTIFY PARTY（通知人）（3）		
PRE–CARRIAGE BY（5） （前程运输）	PLACE OF RECEIPT（5） （收货地）	*ORIGINAL* Combined Transport Bill of Lading
OCEAN VESSEL VOY. NO.（船名及航次）（6）	PORT OF LOADING （装货港）（7）	
PORT OF DISCHARGE （卸货港）（8）	PLACE OF DELIVERY （交货地）（5）	

MARKS（9） （唛头）	NOS. & KINDS OF PKGS （包装种类和数量）（10）	DESCRIPTION OF GOODS（货物名称）（11）	G. W.（KG） （毛重）（12）	MEAS（M³） （体积）（13）

TOTAL NUMBER OF CONTAINERS OR PACKAGES（IN WORDS）（总件数）（14）					
FREIGHT& CHARGES （运费）（15）	REVENUE TONS （运费吨）		RATE （运费率）	PER （计费单位）	PREPAID （运费预付）	COLLECT （运费到付）

PREPAID AT （预付地点）	PAYABLE AT （到付地点）	PLACE AND DATE OF ISSUE（17） （出单地点和时间）
TOTAL PREPAID （预付总金额）	NUMBER OF ORIGINAL B(S)L （正本提单的份数）（16）	SIGNED FOR THE CARRIER（19） （承运人签章）
装船批注的日期和签署（18） （装船日期）		中国远洋运输（集团）总公司 CHINA OCEAN SHIPPING（GROUP）CO. ×××

任务实施

任务实施步骤
1. 查阅并审核背景资料 2. 根据背景材料缮制海运提单（附表 4–1–1） 3. 自我审核 4. 小组成员交换审核
任务实施过程纪要

附表 4-1-1　海运提单

SHIPPER（托运人）		B/L NO.　　　　　　　　　　　　　　　COSCO 中国远洋运输（集团）总公司 CHINA OCEAN SHIPPING (GROUP) CO. *ORIGINAL* Combined Transport Bill of Lading	
CONSIGNEE（收货人）			
NOTIFY PARTY（通知人）			
PRE-CARRIAGE BY （前程运输）	PLACE OF RECEIPT （收货地）		
OCEAN VESSEL VOY. NO. （船名及航次）	PORT OF LOADING （装货港）		
PORT OF DISCHARGE （卸货港）	PLACE OF DELIVERY （交货地）		
MARKS （唛头）	NOS. & KINDS OF PKGS （包装种类和数量）	DESCRIPTION OF GOODS （货物名称）	G.W.（KG） （毛重）	MEAS（M³） （体积）
TOTAL NUMBER OF CONTAINERS OR PACKAGES (IN WORDS)（总件数）			
FREIGHT& CHARGES （运费）	REVENUE TONS （运费吨）	RATE （运费率）	PER （计费单位）	PREPAID （运费预付）	COLLECT （运费到付）
PREPAID AT （预付地点）	PAYABLE AT （到付地点）	PLACE AND DATE OF ISSUE （出单地点和时间）	
TOTAL PREPAID （预付总金额）	NUMBER OF ORIGINAL B(S)L（正本提单的份数）	SIGNED FOR THE CARRIER （承运人签章）	
装船批注的日期和签署 （装船日期）		中国远洋运输（集团）总公司 CHINA OCEAN SHIPPING (GROUP) CO. ×××	

任务实施评价

序号	评价内容	得分			综合得分
		自评（40%）	组评（30%）	师评（30%）	
1	提单缮制规范掌握情况（10分）				
2	提单缮制（60分）				
3	提单审核（20分）				
4	小组协作（10分）				
	合计				

任务总结

提单缮制要点
在本任务的实施过程中遇到了哪些问题？是如何解决的？

拓展训练

训练 1

业务资料：

秦皇岛天远进出口有限公司和澳大利亚 OBJECTIVE LEARNING MATERIALS 公司签订了出口三角板的国际货物买卖合同，秦皇岛天远进出口有限公司对外方开来的信用证审核无误后，备齐货物准备办理出口手续。缮制运输单据——提单（附表 4-1-2）。资料补充如下：

参照 2-1-1 的合同

INVOICE NO：13WHD206

INVOICE DATE：JULY 26，2022

PACKING：PACKED IN STRONG EXPORT CARTON

GROSS WEIGHT：375.00KGS

NET WEIGHT：310.00KGS

附表 4-1-2　海运提单

SHIPPER（托运人）		B/L NO.　　　　　　　　　COSCO 中国远洋运输（集团）总公司 **CHINA OCEAN SHIPPING（GROUP）CO.**
CONSIGNEE（收货人）		
NOTIFY PARTY（通知人）		
PRE-CARRIAGE BY（前程运输）	PLACE OF RECEIPT（收货地）	
OCEAN VESSEL VOY. NO.（船名及航次）	PORT OF LOADING（装货港）	*ORIGINAL* Combined Transport Bill of Lading
PORT OF DISCHARGE（卸货港）	PLACE OF DELIVERY（交货地）	

MARKS（唛头）	NOS. & KINDS OF PKGS（包装种类和数量）	DESCRIPTION OF GOODS（货物名称）	G. W.（KG）（毛重）	MEAS（M³）（体积）

TOTAL NUMBER OF CONTAINERS OR PACKAGES（IN WORDS）（总件数）					
FREIGHT& CHARGES（运费）	REVENUE TONS（运费吨）	RATE（运费率）	PER（计费单位）	PREPAID（运费预付）	COLLECT（运费到付）

PREPAID AT（预付地点）	PAYABLE AT（到付地点）	PLACE AND DATE OF ISSUE（出单地点和时间）
TOTAL PREPAID（预付总金额）	NUMBER OF ORIGINAL B(S)L（正本提单的份数）	SIGNED FOR THE CARRIER（承运人签章）
装船批注的日期和签署（装船日期）		中国远洋运输（集团）总公司 CHINA OCEAN SHIPPING（GROUP）CO. ×××

任务二　缮制装船通知

任务发布

专　业		课程名称	
项目四	缮制运输单据	工作任务二	缮制装船通知
学　时		组　别	
姓　名	组长：　　　　成员：		
任务情境			

秦皇岛天远进出口有限公司（QINHUANGDAO CITY TIANYUAN IMP/EXP CO., LTD., FLOOR 8, NO. 8 TIANTAISHAN ROAD, DEVELOPMENT ZONE, QINHUANGDAO CHINA）和毛里求斯 NE KWET PIN LTD., ×× ROYAL STREET PORT LOUIS, MAURITIUS 公司签订了出口水彩的国际货物买卖合同，秦皇岛天远进出口有限公司对外方开来的信用证审核无误后，备齐货物已完成装船，需要向买方发送装船通知。
INVOICE NO：45WHD201
INVOICE DATE：MAY 16, 2022
PACKING：PACKED IN STRONG EXPORT CARTON WITH STRAPS
GROSS WEIGHT：24 TONS
NET WEIGHT：22 TONS

工作与学习目标
熟知装船通知的内容及缮制规范
根据资料熟练完成装船通知的缮制
准确审核装船通知
归纳总结易错栏目的缮制技巧
工作任务
根据背景资料缮制装船通知

知识储备

一、装船通知的含义及作用

职业责任感

装船通知（样单4-2-1）也叫装运通知，主要指的是出口商在货物装船后发给进口方的包括货物详细装运情况的通知。其目的在于让进口商做好筹措资金、付款和接货的准备，如成交条件为FOB/FCA、CFR/CPT等还需要向进口国保险公司发出该通知，以便其为进口商办理货物保险手续。出口装船通知应按合同或信用证规定的时间发出，该通知副本（Copy of Telex/Fax）常作为向银行交单议付的单据之一。装船通知以英文制作，无统一格式，内容一定要符合信用证的规定，一般只提供一份。

二、装船通知的主要内容及其缮制

1. 单据名称

主要体现为：Shipping/Shipment Advice，Advice of Shipment 等，也有人将其称为 Shipping Statement/Declaration，如信用证有具体要求，从其规定。

2. 通知对象

应按信用证规定，具体讲可以是开证申请人、申请人的指定人或保险公司等。

3. 通知内容

主要包括所发运货物的合同号或信用证号、品名、数量、金额、运输工具名称、开航日期、启运地和目的地、提运单号码、运输标志等，并且与其他相关单据保持一致，如信用证提出具体项目要求，应严格按规定出单。此外通知中还可能出现包装说明、ETD（船舶预离港时间）、ETA（船舶预抵港时间）、ETC（预计开始装船时间）等内容。

其中要特别注意以下内容填写规范。

品名：填写商品总称即可。

数量：填写商品的包装总数量。

运输工具名称：涉及转船时，务必写清第一程船和第二程船。

4. 制作和发出日期

日期不能超过信用证约定的时间，常见的有以小时为准（Within 24/48 Hours）和以天（Within 2 Days after Shipment Date）为准两种情形；信用证没有规定时应在装船后立即发出，如信用证规定"Immediately after shipment"（装船后立即通知），应掌握在提单后三天之内。

5. 签署

一般可以不签署，如信用证要求"Certified Copy of Shipping Advice"，通常加盖受益人条形章。

样单4-2-1 运输单据

SHIPPING ADVICE（1）

TEL：   INV. NO.：

FAX：   S/C NO.：

                                                          L/C NO.：

TO MESSRS：（2）   DATE：

DEAR SIRS，
    WE HEREBY INFORM YOU THAT THE GOODS UNDER THE ABOVE MENTIONED CREDIT HAVE BEEN SHIPPED. THE DETAILS OF THE SHIPMENT ARE STATED BELOW.

COMMODITY：（3）_____   SHIPPING MARKS

NUMBER OF CTNS：_____

TOTAL GROSS WEIGHT：_____

OCEAN VESSEL：_____

B/L NO.：_____

PORT OF LOADING：_____

DATE OF DEPARTURE：（4）_____

DESTINATION：（5）_____

任务实施

任务实施步骤
1. 查阅并审核背景资料 2. 根据背景材料缮制装船通知（附表 4–2–1） 3. 自我审核 4. 小组成员交换审核
任务实施过程纪要

附表 4–2–1

SHIPPING ADVICE

TEL： INV. NO.：
FAX： S/C NO.：
　　　　　　　　　　　　　　　　L/C NO.：
TO MESSRS： DATE：

DEAR SIRS,
　　WE HEREBY INFORM YOU THAT THE GOODS UNDER THE ABOVE MENTIONED CREDIT HAVE BEEN SHIPPED. THE DETAILS OF THE SHIPMENT ARE STATED BELOW.

COMMODITY：_____　　SHIPPING MARKS
NUMBER OF CTNS：_____
TOTAL GROSS WEIGHT：_____
OCEAN VESSEL：_____
B/L NO.：_____
PORT OF LOADING：_____
DATE OF DEPARTURE：_____
DESTINATION：_____

任 务 实 施 评 价

序号	评价内容	得分			综合得分
		自评（40%）	组评（30%）	师评（30%）	
1	装船通知缮制规范掌握情况（10分）				
2	装船通知缮制（60分）				
3	装船通知审核（20分）				
4	小组协作（10分）				
	合计				

任务总结

装船通知缮制要点
在本任务的实施过程中遇到了哪些问题？是如何解决的？

拓展训练

训练 2

业务资料：

秦皇岛天远进出口有限公司和澳大利亚 OBJECTIVE LEARNING MATERIALS 公司签订了出口三角板的国际货物买卖合同，秦皇岛天远进出口有限公司对外方开来的信用证审核无误后，备齐货物准备办理出口手续。缮制出口单据——装船通知。资料补充如下：

参照训练 2-1-1 的合同。

INVOICE NO：13WHD206
INVOICE DATE：JULY 26，2022
PACKING：PACKED IN STRONG EXPORT CARTON
GROSS WEIGHT：375.00KGS
NET WEIGHT：310.00KGS

SHIPPING ADVICE

TEL：   INV. NO.：
FAX：   S/C NO.：
                   L/C NO.：
TO MESSRS：   DATE：

DEAR SIRS,

    WE HEREBY INFORM YOU THAT THE GOODS UNDER THE ABOVE MENTIONED CREDIT HAVE BEEN SHIPPED. THE DETAILS OF THE SHIPMENT ARE STATED BELOW.

COMMODITY：_____   SHIPPING MARKS
NUMBER OF CTNS：_____
TOTAL GROSS WEIGHT：_____
OCEAN VESSEL：_____
B/L NO.：_____
PORT OF LOADING：_____
DATE OF DEPARTURE：_____
DESTINATION：_____

任务三　缮制航空运单

任务发布

专　　业		课程名称	
项目四	缮制运输单据	工作任务三	缮制航空运单
学　　时		组　　别	
姓　　名	组长：　　　　成员：		
任务情境			

秦皇岛天远进出口有限公司（QINHUANGDAO CITY TIANYUAN IMP/EXP CO., LTD., FLOOR 8, NO.8 TIANTAISHAN ROAD, DEVELOPMENT ZONE, QINHUANGDAO CHINA）和毛里求斯 NE KWET PIN LTD., ×× ROYAL STREET PORT LOUIS, MAURITIUS 公司签订了国际货物买卖合同，购买商品信息如下所示。秦皇岛天远进出口有限公司对外方开来的信用证审核无误后，双方约定的通过空运完成货物的运输。请根据以下信息，完成航空运单的填制。

DESCRIPTIONS OF GOODS：PULASH TOY
QUANTITY：20,000 SETS USD 0.20/SET CIP LONDON
PACKING：PACKED IN 1 CARTON OF 400 SET EACH
TERMS OF SHIPMENT：LATEST DATE OF SHIPMENT 090320
AIRPORT OF DEPSTINATION：LONDON, UK
AIRPORT OF DEPARTURE：SHANGHAI CHINA
TERMS OF PAYMENT：30% T/T IN ADVANCE，70% D/P
PARTIAL SHIPMENTS：ALLOWED
TRANSSHIPMENT：ALLOWED
MASTER AIRWAY BILL NO.：COSCO090320
FLIGHT：MU501
FLIGHT DATE：2022.03.20
RATE：USD 52.30
G.W.：25KG/CTN
VOL：1.25CBM/CTN

工作与学习目标
熟知航空运单的内容及缮制规范 根据资料熟练完成航空运单的缮制 准确审核航空运单 归纳总结易错栏目的缮制技巧
工作任务
根据背景资料缮制航空运单

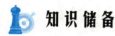

知识储备

一、航空运单的含义及作用

中国航空运输业迅猛发展，大国情怀，民族自豪感

航空运单（Airway Bill，AWB），是航空运输公司及代理人签发给发货人表示已收妥货物并接受托运的货物收据。航空运单不是物权凭证，不能通过背书转移货物所有权。航空运单不能转让，持有航空运单也并不能说明可以对货物要求所有权，因而是一种不可议付的单据。

航空运单的作用包括以下几个方面：
（1）航空运单是托运人与航空承运人之间的运输合同。
（2）航空运单是承运人签发的已接收货物的证明。
（3）航空运单是承运人据以核收运费的账单。
（4）航空运单是报关单证之一。
（5）航空运单同时可作为保险证书。
（6）航空运单是承运人内部业务的依据。

二、航空运单的缮制（样单4-3-1）

1. 航空公司数字代号（Airline Code Number）

填写航空公司的数字代号，如中国民航代号为999，日本航空公司代号为131等。

2. 托运人栏（Shipper）

（1）托运人姓名、住址（Shipper's Name and Address）。
填写托运人的姓名、地址、所在国家及联络方法。
①托运人可以是货主，也可是货运代理人。如采用的是集中托运，则通常托运人是货运代理人；如采用的是直接托运，托运人是货主。
②当托运的是危险货物时，必须由货主直接托运，因而托运人填写的是货主，航空公司不接受货运代理人的托运。
③在信用证结汇方式下，托运人一般填受益人相应的信息；在托收方式下，一般填合同中买方相应的信息。

（2）托运人账号（Shipper's Account）。
只在必要时填写，以便承运人在收货人拒付运费时向托运人索偿。

3. 收货人栏（Consignee）

（1）收货人姓名、住址（Consignee's Name and Address）。

应填写收货人姓名、地址、所在国家及联络方法。

①与海运提单不同,航空运单必须是记名抬头,不得填写"To order"或"To order of shipper"字样,因为航空运单不可转让。

②收货人可以是实际收货人,也可是货运代理人。集中托运时收货人通常是货代,直接托运时为实际收货人。

③承运人一般不接受一票货物有两个及以上的收货人。若在实际业务中有,则在该栏内填写第一收货人,同时在通知栏内填写第二收货人。

(2)收货人账号(Consignee's Account)。

同第3栏一样只在必要时填写。

4. 承运人的代理人栏(Issuing Carrier's Agent)

(1)Name and City 名称和城市。

填制向承运人收取佣金的国际航协代理人的名称和所在机场或城市。

(2)Agent's IATA Code 国际航协代号。

代理人在非货账结算区(Non-CASS Areas),打印国际航协七位数字代号,例14-30288。代理人在货账结算区(CASS Areas),打印国际航协七位数字代号,后面是三位CASS地址代号。例34-41234/567CASS。

(3)Account No. 账号。

本栏一般不需要填写,除非承运人需要。

5. 运输路线(Routing)

(1)始发站机场和指定路线(Airport of Departure and Requested Routing)。

第一承运人地址和所要求的运输路线。

(2)运输路线和目的地站(Routing and Destination)to(by first carrier)至(第一承运人)。

填制目的地机场或第一个转运点的IATA三字代号,当该城市有多个机场,不知道机场名称时,可用城市代号。

by First Carrier,填制第一承运人的名称(全称与IATA两字代号皆可)。

to(By Second Carrier)至(第二承运人)填制目的地机场或第二个转运点的IATA三字代号(当该城市有多个机场,不知道机场名称时,可用城市代号)。

by(Second Carrier)由第二承运人填制第二承运人的名称(全称与IATA两字代号皆可)。

to(By Third Carrier)至(第三承运人)填制目的地机场或第三个转运点的IATA三字代号(当该城市有多个机场,不知道机场名称时,可用城市代号)。

By(Third Carrier)由第三承运人,填制第三承运人的名称(全称与IATA两字代号皆可)。

(3)目的地机场(Airport of Destination)。

填制最后承运人的目的地机场全称。

6. 航班/日期(仅供承运人使用)(Flight/Date For Carrier's Use Only)

7. 财务说明(Accounting Information)

填写运费交付方式及其他财务说明事项。

8. 货币(Currency)

填制始发国的ISO(国际标准组织)的货币代号,例如USD、HKD。

9. 保险的金额（Amount of Insurance）

如果承运人向托运人提供代办货物保险业务时，此栏填制托运人货物投保的金额。如果承运人不提供此项服务或托运人不要求投保时此栏内必须填制"×××"符号。

10. 运输处理注意事项（Handling Information）

填制出票航空公司的注意事项。

11. 货物运价细目（Consignment Rating Details）

一票货物中如含有两种或两种以上不同运价类别计费的货物应分别填写，每填写一项另起一行，如果含有危险品，则该危险品应列在第一项。

（1）件数/运价组合点（No. of Pieces RCP）。

填制货物件数。"RCP"（Rate Combination Point）如果使用非公布直达运价计算运费时，在件数的下面还应填制运价组合点城市的 IATA 三字代号。

（2）毛重（Gross Weight）。

适用于运价的货物实际毛重（以公斤为单位时可保留至小数后一位）。

（3）重量单位（Kg/Lb）。

以公斤为单位用代号"kg"；以磅为单位用代号"lb"。

（4）运费等级（Rate Class）。

根据需要按照表 4.1 填制：

表 4.1　航空运价代码

代码	运价英文名称	运价中文名称
M	Minimum	起码运费
N	Normal	45 公斤以下货物适用的普通货物运价
Q	Quantity	45 公斤以上货物适用的普通货物运价
C	Specific Commodity Rates	特种运价
S	Surcharge	高于普通货物运价的等级货物运价
R	Reduced	低于普通货物运价的等级货物运价
U	Unit Load Device Basic Rate	集装化设备基本运费
E	Unit Load Device Additional Rate	集装化设备附加运费
X	Unit Load Device Additional Information	集装化设备附加说明
Y	Unit Load Device Discount	集装化设备折扣

（5）商品编号（Commodity Item No.）。

使用指定商品运价时，此栏填制指定商品品名代号。

（6）计费重量（Chargeable Weight）。

填写托运货物的实际重量，若属于"M"运价等级或以尺码计费者，则此栏可空白。

（7）运价/运费（Rate/Charge）。

当使用最低运费时，此栏与运价代号"M"对应填制最低运费。

填制与运价代号"N""Q""C"等对应的运价。当货物为等级货物时，此栏与运价代号"S""R"对应填制附加或附减后的运价。

（8）运费总额（Total）。

填制计费重量与适用运价相乘后的运费金额，如果是最低运费或集装货物基本运费时，本栏与"运价与运费（rate/charge）"填写的金额相同。

（9）货物品名和数量（Nature and Quantity of Goods）。

本栏按合同或信用证规定填制，需要注意航空运输的一些特殊要求。

12. 其他费用（Other charges）如产生其他费用，可在这写明

13. 计重运费（Weight Charge）（Prepaid/ Collect）

在对应的"预付"或"到付"栏内填写按计费重量所得运费。

14. 声明价值附加费（Prepaid Valuation Charge）

如果托运人对托运货物声明价值，则对应在"预付"或"到付"栏内填入声明价值附加费金额，应根据公式：（声明价值 – 实际毛重 × 最高赔偿额）× 0.5% = 声明价值附加费金额。无声明价值，则本栏空白不填。

15. 税款（tax）

对应在"预付"或"到付"栏内填入适用的税款。

16. 由代理人收取的其他费用总额（Total Other Charges Due Agent）

对应在"预付"或"到付"栏内填入由代理人收取的其他费用总额。

17. 由承运人收取的其他费用（Total Other Charges due Carrier）

对应在"预付"或"到付"栏内填入由承运人收取的其他费用总额。一般填写"AS ARRANGED"。

18. 预付总计（Total Prepaid）

预付费用之和，也可填写"AS ARRANGED"。

19. 到付总计（Total Collect）

付费用之和，也可填写"AS ARRANGED"。

20. 托运人证明栏（Shipper's Certification Box）

填制托运人名称并令其在本栏内签字或盖章。

21. 运单日期（Executed on Date）

签单以后正本航空运单方能生效。本栏表示日期为签发日期，也就是本批货物的装运日期。本栏的日期不得晚于信用证规定的装运日期。

22. 签发运单地点（Executed at Place）

填写航空运单的签发地点。

23. 承运人或其代理人签字（Signature of Issuing Carrier or Its Agent）

运单的承运人或其代理人在本栏内的签字。以代理人身份签章时，需要加注"AS AGENT"；承运人签章时则加注"AS CARRIER"。

24. For Carrier's Use only at Destination

表示仅限在目的站由承运人填写。

25. 到付货物运费（CC Charge in Dest. Currency）

填写根据汇率将到付货物运费换算成的金额。

26. Charges at Destination

填写目的地产生的费用。

样单 4-3-1　航空运单

				99989 （1）		
Shipper's Name and Address （2）				NOT NEGOTIABLE **Air Waybill** Issued by　　AIR CHINA LIMITED		
Consignee's Name and Address （3）						
Issuing Carrier's Agent Name and City （4）						
Agents IATA Code		Account No.				
Airport of Departure （Add. of First Carrier） and Requested Routing （5）				Accounting Information （7）		
To	By first carrier	to	by	to	by	Currency （8）	Declared Value for Carriage	Declared Value for Customs
Airport of Destination		Flight/Date （6）		Amount of Insurance （9）		
Handling Information （10）						
No. of Pieces （RCP）（11）	Gross Weight	Rate Class	Chargeable Weight	Rate/Charge	Total	Nature and Quantity of Goods
Weight Charge （13）				Other Charges （12）		
Valuation Charge （14）						
Tax （15）						
Total Other Charges Due Agent （16）				Shipper certifies that the particulars on the face hereof are correct and that insofar as any part of the consignment contains dangerous goods, such part is properly described by name and is in proper condition for carriage by air according to the applicable Dangerous Goods Regulations. _____ Signature of Shipper or his agent （20）		
Total Other Charges Due Carrier （17）						
Total Prepaid （18）		Total Collect （19）		Executed on _____ at _____　Signature of issuing Carrier or as Agent （21，22）		
Currency （8） Conversion Rates		CC Charges in des. Currency （25）				
For Carrier's Use Only at Destination （24）		Charges at Destination （26）		Total Collect Charges	AIR WAYBILL NUMBER 99989 （23）	

75

三、空运单的构成、用途及分类

1. 空运的构成和用途

目前，经营国际货物运输的航空公司及其航空货运代理公司使用的都是统一的一式十二份的空运单，其中，三份正本（Original），六份副本（Copy）和三份额外副本（Extra Copy）。

正本的背面印有运输条款。各份的用途及流转如表4.2所示。

表4.2　运输条款的用途及流转

顺序	名称	颜色	用途
1	正本3	蓝	交托运人。作为承运人收到货物的证明，以及作为承托双方运输合同成立的证明
2	正本1	绿	交承运人财务部门。除了作为承运人财务部门之运费账单和发票外，还作为承托双方运输合同成立的证明
3	副本9	白	交代理人。供代理人留存
4	正本2	粉红	随货物交收货人
5	副本4	黄	交付联。收货人提货后应签字并交承运人留存，以证明已交妥货物
6	副本5	白	交目的港机场
7	副本6	白	交第三承运人
8	副本7	白	交第二承运人
9	副本8	白	交第一承运人
10	额外副本	白	
11	额外副本	白	
12	额外副本	白	

2. 空运单的分类

（1）航空主运单（MAWB）。

凡由航空运输公司签发的，以托运人名义填写的航空运单就称为主运单。它是航空运输公司据以办理货物运输和交付的依据，是航空公司和托运人订立的运输合同。

（2）航空分运单（HAWB）。

集中托运人在办理集中托运业务时签发的航空运单被称作航空分运单。

项目四　缮制运输单据

任 务 实 施

任务实施步骤
1. 查阅并审核背景资料 2. 根据背景材料缮制航空运单（附表4–3–1） 3. 自我审核 4. 小组成员交换审核
任务实施过程纪要

附表 4–3–1 航空运单

			99989	
Shipper's Name and Address			NOT NEGOTIABLE **Air Waybill** Issued by AIR CHINA LIMITED	
Consignee's Name and Address				
Issuing Carrier's Agent Name and City				
Agents IATA Code		Account No.		
Airport of Departure (Add. of First Carrier) and Requested Routing			Accounting Information	
To	By First Carrier	to	by	to	by	Currency	Declared Value for Carriage	Declared Value for Customs
Airport of Destination		Flight/Date		Amount of Insurance	
Handling Information					
No. of Pieces (RCP)	Gross Weight	Rate Class	Chargeable Weight	Rate/Charge	Total	Nature and Quantity of Goods
Weight charge			Other Charges		
Valuation Charge					
Tax					
Total Other Charges Due Agent			Shipper certifies that the particulars on the face hereof are correct and that insofar as any part of the consignment contains dangerous goods, such part is properly described by name and is in proper condition for carriage by air according to the applicable Dangerous Goods Regulations. _____ Signature of Shipper or his agent		
Total Other Charges Due Carrier					
Total Prepaid	Total Collect		Executed on ____ at _____ Signature of issuing Carrier or as Agent		
Currency Conversion Rates	CC Charges in des. Currency				
For Carrier's Use Only at Destination	Charges at Destination		Total Collect Charges	AIR WAYBILL NUMBER 99989	

任务实施评价

序号	评价内容	得分			综合得分
		自评（40%）	组评（30%）	师评（30%）	
1	航空运单规范掌握情况（10分）				
2	航空运单缮制（60分）				
3	航空运单审核（20分）				
4	小组协作（10分）				
	合计				

任务总结

航空运单缮制要点
在本任务的实施过程中遇到了哪些问题？是如何解决的？

拓 展 训 练

训练 3

业务资料：

秦皇岛天远进出口有限公司和澳大利亚 OBJECTIVE LEARNING MATERIALS 公司签订了国际货物买卖合同，秦皇岛天远进出口有限公司对外方开来的信用证审核无误后，备齐货物准备办理出口手续。双方决定采用航空运输方式进行运输。资料补充如下：

DESCRIPTIONS OF GOODS：100% COTTON SKIRTS

（4）QUANTITY：1,200 PCS USD 10.20/PC CPT MONTREAL

（5）PACKING：PACKED IN 1 CARTON OF 40 PCS EACH

（6）TERMS OF SHIPMENT：LATEST DATE OF SHIPMENT 221220

（7）AIRPORT OF DEPSTINATION：MONTREAL, CANADA

（8）AIRPORT OF DEPARTURE：SHANGHAI CHINA

（9）TERMS OF PAYMENT：30% T/T IN ADVANCE, 70% T/T AFTER CUSTOMS CLEARANCE

（10）PARTIAL SHIPMENTS：ALLOWED

（11）TRANSSHIPMENT：NOT ALLOWED

（12）H.S. CODE：808.3100

（13）MASTER AIRWAY BILL NO.：08121256

（14）FLIGHT：MU504

（15）FLIGHT DATE：2022 12, 12

（16）RATE：USD 50.00

（17）G.W.：10KG/CTN

（18）VOL：0.12CBM/CTN

Shipper's Name and Address	Shipper's Account Number										
Consignee's Name and Address	Consignee's Account Number					Copies 1, 2 and 3 of this Air Waybill are originals and have the same validity.					
						It is agreed that the goods described herein are accepted for carriage in apparent good order And condition (except as noted) and SUBJECT TO THE CONDITIONS OF CONTRACT ON THE REVERSE HEREOF. ALL GOODS MAY BE CARRIED BY AND OTHER MEANS INCLUDING ROAD OR ANY OTHER CARRIER UNLESS SPECIFIC CONTRARY INSTRUCTIONS ARE GIVEN HEREON BY THE SHIPPER. THE SHIPPER'S ATTENTION IS DRAWN TO THE NOTICE CONCERNING CARRIER'S LIMITATION OF LIABILITY. Shipper may increase such limitation of liability by declaring a higher value for carriage and paying a supplemental charge if required.					
Issuing Carrier's Agent Name and City 承运人代理名称和城市						Accounting Information 结算注意事项					
Agent's IATA Code	Account No.										
Airport of Departure (Addr. of First Carrier) and Requested Routing						现金、支票、旅行证号、原运单号					
To 目的地	By First Carrier Routing and Destination 第一承运人（全称或代码）	To 第二中转站（代码）	By 第二承运人代码	To	By		Currency 币种	CHGS Code 支付方式	WT/VAL	Other	Declared Value for Carriage	Declared Value for Customs
									PPD COLL	PPD COLL		

续表

Airport of Destination	Flight/Date For carrier Use Only		Amount of Insurance	INSURANCE—If Carrier offers insurance, and such insurance is (20A) requested in accordance with the conditions thereof, indicate amount (20B) to be insured in figures in box marked "Amount of Insurance."

Handling Information 操作信息(仓储或运输中的注意事项)

(For USA only) These commodities licensed by U.S. for ultimate destination ············Diversion contrary to U.S. law is prohibited (21A)

No. of Pieces RCP	Gross Weight	Kg lb	Rate Class		Chargeable Weight	Rate Charge	Total	Nature and Quantity of Goods (incl. Dimensions or Volume)
			Commodity Item No.					

Prepaid	Weight Charge		Collect	Other Charges	
	Valuation Charge(声明价值附加费)保价费				
	Tax				

续表

Shipper certifies that the particulars on the face hereof are correct and that insofar as any part of the consignment contains dangerous goods, such part is properly described by name and is in proper condition for carriage by air according to the applicable Dangerous Goods Regulations.				
	.... Signature of Shipper or his Agent			
	.... Executed on (date)　　　at (place)		Signature of Issuing Carrier or its Agent	
Total other Charges Due Agent				
Total other Charges Due Carrier				
Total Prepaid	Total Collect			
Currency Conversion Rates	CC Charges in Dest. Currency		Total Collect Charges	
For Carrier's Use only at Destination	Charges at Destination			

83

项目五　缮制官方单据

知识目标

了解关检融合
熟悉出境货物检验检疫申请的内容
熟悉报关单的内容和填制规范
熟悉原产地证书的含义及种类
熟悉一般原产地证书的内容和填制规范

技能目标

能够熟练缮制出境货物检验检疫申请单
能够熟练缮制进出口货物报关单
能够熟练缮制一般原产地证书

素质目标

培养遵纪守法的意识
培养爱岗敬业、诚实守信的职业素养
培养守护国门安全的责任感
培养维护国家利益的使命感

项目五　缮制官方单据

任务一　缮制报检单

任 务 发 布

专　业			课程名称	
项目五		缮制官方单据	工作任务一	缮制报检单
学　时			组　别	
姓　名	组长：		成员：	
任务情境				

秦皇岛天远进出口有限公司（QINHUANGDAO CITY TIANYUAN IMP/EXP CO., LTD., FLOOR 8, NO. 8 TIANTAISHAN ROAD, DEVELOPMENT ZONE, QINHUANGDAO CHINA）和毛里求斯 NE KWET PIN LTD., ×× ROYAL STREET PORT LOUIS, MAURITIUS 公司签订了出口水彩的国际货物买卖合同，秦皇岛天远进出口有限公司对外方开来的信用证审核无误后，备齐货物准备办理出口手续。缮制出口单据——出境货物检验检疫申请单（说明：此背景资料仅为练习出境货物检验检疫申请单使用，实际业务中，出口商品是否需要检验检疫以海关规定为准）。

INVOICE NO：21WHD201

INVOICE DATE：MAR 12，2021

PACKING：PACKED IN STRONG EXPORT CARTON WITH STRAPS

GROSS WEIGHT：2,789.00KGS

NET WEIGHT：2,559.00KGS

工作与学习目标
熟知出境货物检验检疫申请单的内容及缮制规范
根据资料熟练完成出境货物检验检疫申请单的缮制
准确审核出境货物检验检疫申请单
归纳总结易错栏目的缮制技巧
工作任务
根据背景资料缮制出境货物检验检疫申请单

知识储备

一、认识关检融合

关检融合

2018年3月,中共中央印发了《深化党和国家机构改革方案》,正式将国家质量监督检验检疫总局的出入境检验检疫管理职责和队伍划入海关总署,实现"关检融合"。按照海关总署统一部署,从2018年8月1日起,海关进口货物将实行整合申报,报关单、报检单合并为一张报关单。实施出口检验检疫的货物,企业应在报关前向产地/组货地海关提出申请,填写"出境货物检验检疫申请"。海关实施检验检疫监管后建立电子底账,向企业反馈电子底账数据号,符合要求的按规定签发检验检疫证书。企业报关时应填写电子底账数据号,办理出口通关手续。

二、出境货物检验检疫申请(样单5-1-1)的填制要求

依法检验检疫——维护国门生物安全

1. 申请单位

此栏填写向海关申报检验、检疫、鉴定业务的单位,应加盖公章。

2. 申请单位登记号

此栏填写申请单位在海关登记时,由海关给予的编号。

3. 联系人

此栏填写单证员的姓名。

4. 电话

此栏填写单证员的联系电话。

5. 申请日期

此栏填写申请日期,按照规定,一般产品的最迟申请时间为货物装运前七天。

6. 发货人

此栏填写发货人的名称,发货人通常是贸易合同中的卖方或信用证中的受益人,一般填

写中文即可，如果信用证规定要求海关出具商检证书的，填写中英文。

7. 收货人

此栏填写收货人的中/外文名称，中文名称选填，收货人通常是贸易合同中的买方或信用证中的开证申请人。

8. 货物名称

此栏填写货物的中/外文名称，注意必须填写具体货品，不能填写货物的统称。

9. H. S. 编码

此栏填写出口货物的商品编码（税则号），填写十位数或十三位数。

10. 产地

此栏填写出口货物生产地、加工制造地的名称。

11. 数/重量

此栏填写货物的数/重量，重量填写净重。若填写的是毛重，或者"以毛作净"的，需要说明。此栏的数/重量须和报关单上的法定计量单位一致。

12. 货物总值

此栏填写商业发票上所列的产品总值，包括商业总值及币种。如果同一申请单申报多种货物，则要分别列明，再注明总值。

13. 包装种类及数量

此栏填写货物的包装种类及数量，须与其他单据中所显示的包装种类及数量一致。

14. 运输工具名称号码

此栏填写载运出境货物的运输工具名称（如船名），以及运输工具编号（如航次）。若运输工具名称及号码还不确定，此栏可以填写船舶与飞机等运输工具类别。

15. 贸易方式

此栏在"一般贸易""来料加工""进料加工""易货贸易""补偿贸易"等贸易方式中选择合适的填报。

16. 货物存放地点

此栏填写申报货物的存放地点。

17. 合同号

此栏填写申报货物所属的合同编号。

18. 信用证号

此栏填写申报货物的信用证编号，若非信用证方式结算，此栏填写"＊＊＊"。

19. 用途

此栏从以下选项中选择符合实际出境货物的用途来填报：种用或繁殖，食用，奶用，观赏或演艺，伴侣动物，实验，药用，饲用，食品包装材料，食品加工设备，食品添加剂，介质土，食品容器，食品洗涤剂，食品消毒剂，仅工业用途，化妆品，化妆品原料，肥料，保健品，治疗，预防，诊断，科研，其他。

20. 发货日期

此栏填写货物的实际装运日期。

21. 输往国家（地区）

此栏填写合同或信用证规定的进口国（地区）。

22. 许可证/审批号

对于限制出口的商品，此栏填写许可证或审批单号码；对不需要申领许可证或审批的出口商品，此栏填写"＊＊＊"。

23. 启运地

此栏填写合同或信用证规定的装货港（地）。此栏必须填写实际的启运港，如天津、广州等，不能只写CHINA，即使合同或信用证规定的是"CHINA"。

24. 到达口岸

此栏填写合同或信用证规定的卸货港。如果采用国际多式联运，到达地点是一个内陆城市，则填写最终目的地。此栏必须填写实际到达口岸城市，不能只写国家，比如JAPAN。

25. 生产单位注册号

此栏填写出口商品生产厂家在海关的注册号码。

26. 集装箱规格、数量及号码

此栏填写载货的集装箱的规格、数量以及集装箱号码。若填写时集装箱号码还不确定，只能确定集装箱的规格数量，则只填写集装箱的规格及数量。

27. 合同、信用证订立的检验检疫条款或特殊要求

此栏填写在合同或信用证中规定的检验检疫的特殊条款及其他要求。

28. 标记及号码

此栏填写货物外包装的唛头（运输标志），必须与发票、装箱单上显示的唛头一致。如果唛头太多写不下，可以用附页。若发票没有唛头，此栏填写"N/M"。

29. 随附单据

此栏从以下选项中选择随附单据来填报：合同，发票，信用证，装箱单，其他相关许可/审批文件，海关免税证明，进出口电池备案书，入/出境特殊物品卫生检疫审批单，代理报关委托书，换证凭单，厂检单，包装性能结果单，危险货物运输包装使用鉴定结果单，型式试验确认书，卫生注册证书，卫生登记证书，集装箱检验检疫结果单，出口产品质量许可证，实施金伯利进程国际证书制度注册登记证，出口打火机、点火枪类商品生产企业自我声明，出口烟花爆竹生产企业声明，其他单据，合格保证。

30. 需要证书名称

从以下选项中选择所需单证来填报：品质证书，重量证书，数量证书，兽医卫生证书，健康证书，卫生证书，动物卫生证书，植物检疫证书，熏蒸/消毒证书，出境货物换证凭单，入境货物检验检疫证明（申请出具），出境货物不合格通知单，集装箱检验检疫结果单，入境货物检验检疫证明（申请不出具），电子底账，入境货物调离通知单。

31. 报检人郑重声明及签名

报检人声明已经印在上面，报检员必须亲笔签名，此时出境货物检验检疫申请才真正缮制完毕。

样单 5-1-1 出境货物检验检疫申请

中华人民共和国海关
出境货物检验检疫申请

申请单位（加盖公章）（1）　　　　　　　　　　　　　　　　　　　　＊编号
申请单位登记号：（2）　　联系人（3）　　电话（4）　　申请日期（5）

发货人（6）	（中文） （外文）					
收货人（7）	（中文） （外文）					
货物名称（中/外文）（8）		H.S.编码（9）	产地（10）	数/重量（11）	货物总值（12）	包装种类及数量（13）
运输工具名称号码（14）			贸易方式（15）		货物存放地点（16）	
合同号（17）			信用证号（18）		用途（19）	
发货日期（20）			输往国家（地区）（21）		许可证/审批号（22）	
启运地（23）			到达口岸（24）		生产单位注册号（25）	
集装箱规格、数量及号码（26）						
合同、信用证订立的检验检疫条款或特殊要求（27）		标记及号码（28）		随附单据（划"√"或补填）（29）		
				□合同 □信用证 □发票 □换证凭单 □装箱单 □厂检单	□包装性能结果单 □许可/审批文件 □代理报关委托书 □合格保证 □	

需要证书名称（划"√"或补填）（30）		＊检验检疫费	
□品质证书　　　__正__副 □重量证书　　　__正__副 □数量证书　　　__正__副 □兽医卫生证书　__正__副 □健康证书　　　__正__副 □卫生证书　　　__正__副 □动物卫生证书　__正__副	□植物检疫证书　　__正__副 □熏蒸/消毒证书　　__正__副 □出境货物换证凭单　__正__副 □电子底账 □出境货物工作联系单　__正__副	总金额 （人民币） 计费人 收费人	
报检人郑重声明： 1. 本人被授权报检。 2. 上列填写内容正确属实，货物无伪造或冒用他人的厂名、标志、认证标志，并承担货物质量责任。 　　　　　　　签名：（31）_____		领取证书 日期 签名	

注：有"＊"号栏由海关填写

任务实施

任务实施步骤
1. 查阅并审核背景资料 2. 根据背景材料缮制出境货物检验检疫申请（附表 5–1–1） 3. 自我审核 4. 小组成员交换审核
任务实施过程纪要

项目五　缮制官方单据

附表 5－1－1　出境货物检验检疫申请

中华人民共和国海关
出境货物检验检疫申请

申请单位（加盖公章）　　　　　　　　　　　　　　　　　　　　　　＊编号
申请单位登记号：　　　　　联系人　　　　　电话　　　　　申请日期

发货人	（中文）						
	（外文）						
收货人	（中文）						
	（外文）						
货物名称（中/外文）		H.S. 编码	产地	数/重量	货物总值	包装种类及数量	
运输工具名称号码			贸易方式		货物存放地点		
合同号			信用证号		用途		
发货日期		输往国家（地区）		许可证/审批号			
启运地		到达口岸		生产单位注册号			
集装箱规格、数量及号码							

合同、信用证订立的检验检疫条款或特殊要求	标记及号码	随附单据（划"√"或补填）	
		□合同 □信用证 □发票 □换证凭单 □装箱单 □厂检单	□包装性能结果单 □许可/审批文件 □代理报关委托书 □合理保证 □ □

需要证书名称（划"√"或补填）		＊检验检疫费	
□品质证书　　__正__副 □重量证书　　__正__副 □数量证书　　__正__副 □兽医卫生证书　__正__副 □健康证书　　__正__副 □卫生证书　　__正__副 □动物卫生证书　__正__副	□植物检疫证书　　__正__副 □熏蒸/消毒证书　　__正__副 □出境货物换证凭单　__正__副 □电子底账　　　__正__副 □出境货物工作联系单　__正__副	总金额 （人民币）	
		计费人	
		收费人	

报检人郑重声明： 1. 本人被授权报检。 2. 上列填写内容正确属实，货物无伪造或冒用他人的厂名、标志、认证标志，并承担货物质量责任。 　　　　　　　　　　　　　　　签名：_____	领 取 证 书
	日期
	签名

注：有"＊"号栏由海关填写

任务实施评价

序号	评价内容	得分			综合得分
		自评（40%）	组评（30%）	师评（30%）	
1	出境货物检验检疫申请缮制规范掌握情况（10分）				
2	出境货物检验检疫申请缮制（60分）				
3	出境货物检验检疫申请审核（20分）				
4	小组协作（10分）				
	合计				

任务总结

出境货物检验检疫申请缮制要点
在本任务的实施过程中遇到了哪些问题？是如何解决的？

拓 展 训 练

训练 1

业务资料：

秦皇岛天远进出口有限公司和澳大利亚 OBJECTIVE LEARNING MATERIALS 公司签订了出口三角板的国际货物买卖合同，秦皇岛天远进出口有限公司对外方开来的信用证审核无误后，备齐货物准备办理出口手续。缮制出口单据——出境货物检验检疫申请（附表5-1-2）。（说明：此业务资料仅为练习出境货物检验检疫申请单使用，实际业务中，出口商品是否需要检验检疫以海关规定为准）。

资料补充如下：

INVOICE NO：13WHD206

INVOICE DATE：JULY 26，2022

PACKING：PACKED IN STRONG EXPORT CARTON

GROSS WEIGHT：375.00KGS

NET WEIGHT：310.00KGS

附表 5－1－2　出境货物检验检疫申请

中华人民共和国海关
出境货物检验检疫申请

申请单位（加盖公章）　　　　　　　　　　　　　　　　　　　＊编号
申请单位登记号：　　　　联系人　　　电话　　　申请日期

发货人	（中文） （外文）					
收货人	（中文） （外文）					
货物名称 （中/外文）	H.S. 编码		产地	数/重量	货物总值	包装种类及数量

运输工具名称号码		贸易方式		货物存放地点	
合同号		信用证号		用途	
发货日期		输往国家（地区）		许可证/审批号	
启运地		到达口岸		生产单位注册号	
集装箱规格、数量及号码					

合同、信用证订立的检验 检疫条款或特殊要求	标记及号码	随附单据（划"√"或补填）	
		☐合同 ☐信用证 ☐发票 ☐换证凭单 ☐装箱单 ☐厂检单	☐包装性能结果单 ☐许可/审批文件 ☐代理报关委托书 ☐合理保证 ☐

需要证书名称（划"√"或补填）		＊检验检疫费	
☐品质证书　　　　__正__副 ☐重量证书　　　　__正__副 ☐数量证书　　　　__正__副 ☐兽医卫生证书　　__正__副 ☐健康证书　　　　__正__副 ☐卫生证书　　　　__正__副 ☐动物卫生证书　　__正__副	☐植物检疫证书　　　__正__副 ☐熏蒸/消毒证书　　　__正__副 ☐出境货物换证凭单　__正__副 ☐电子底账　　　　　__正__副 ☐出境货物工作联系单　__正__副	总金额 （人民币） 计费人 收费人	

报检人郑重声明： 1. 本人被授权报检。 2. 上列填写内容正确属实，货物无伪造或冒用他人的厂名、标志、认证标志，并承担货物质量责任。 　　　　　　　　　　　　　　签名：_____	领　取　证　书
	日期 签名

注：有"＊"号栏由海关填写

任务二　缮制报关单

任务发布

专　业		课程名称	
项目五	缮制官方单据	工作任务二	缮制报关单
学　时		组　别	
姓　名	组长：　　　　成员：		
任务情境			
秦皇岛天远进出口有限公司（QINHUANGDAO CITY TIANYUAN IMP/EXP CO.，LTD.，FLOOR 8，NO.8 TIANTAISHAN ROAD，DEVELOPMENT ZONE，QINHUANGDAO CHINA）和毛里求斯 NE KWET PIN LTD.，×× ROYAL STREET PORT LOUIS，MAURITIUS 公司签订了出口水彩的国际货物买卖合同，秦皇岛天远进出口有限公司对外方开来的信用证审核无误后，备齐货物准备办理出口手续。缮制出口单据——出口货物报关单。 INVOICE NO：21WHD201 INVOICE DATE：MAR 12，2021 PACKING：PACKED IN STRONG EXPORT CARTON WITH STRAPS GROSS WEIGHT：2,789.00KGS NET WEIGHT：2,559.00KGS			
工作与学习目标			
熟知报关单的内容及缮制规范 根据资料熟练完成出口货物报关单的缮制 准确审核出口货物报关单 归纳总结易错栏目的缮制技巧			
工作任务			
根据背景资料缮制出口货物报关单			

知识储备

一、进出口货物报关单的含义及类别

（一）含义

中华人民共和国海关进（出）口货物报关单是指进出口货物收发货人或其代理人，按照海关规定的格式对进出口货物的实际情况作出的书面申明，以此要求海关对其货物按适用的海关制度办理通关手续的法律文书。

（二）类别

进出口货物报关单分为以下几种类型：

1. 按进出口流向

（1）进口货物报关单。

（2）出口货物报关单。

2. 按载体表现形式分类

通关作业无纸化

（1）纸质报关单。

（2）电子数据报关单。

二、进出口货物报关单的填报

（一）报关单填制的一般要求

（1）进出口货物收发货人或其代理人应按照《中华人民共和国海关进出口货物申报管理规定》《报关单填制规范》《统计商品目录》《规范申报目录》等有关规定要求向海关申报，并对申报内容的真实性、准确性、完整性和规范性承担相应的法律责任。

（2）报关单的填报应做到"两个相符"：一是单证相符，即所填报关单各栏目的内容必须与合同、发票、装箱单、提单及批文等随附单据相符；二是单货相符，即所填报关单各栏目的内容必须与实际进出口货物的情况相符，不得伪报、瞒报、虚报。

（3）不同运输工具、不同航次、不同提运单、不同监管方式、不同备案号、不同征免性质的货物，均应分单填报。

同一份报关单上的商品不能同时享受协定税率和减免税。

一份原产地证书，只能用于同一批次进口货物。含有原产地证书管理商品的一份报关单，只能对应一份原产地证书。

同一批次货物中实行原产地证书联网管理的，如涉及多份原产地证书应分单填报，如同

时含有非原产地证书商品，港澳 CEPA 项下应分单填报，但《海峡两岸经济合作框架协议》（ECFA）项下可在同一张报关单中填报。

（4）一份报关单所申报的货物，须分项填报的情况主要有：商品编号不同的，商品名称不同的，计量单位不同的，原产国（地区）/最终目的国（地区）不同的，币制不同的，征免不同的等。

（二）报关单填制规范

报关单填制规范详细版

1. 预录入编号

预录入编号指预录入报关单的编号，一份报关单对应一个预录入编号，由系统自动生成。

报关单预录入编号为 18 位，其中第 1～4 位为接受申报海关的代码（海关规定的《关区代码表》中相应海关代码），第 5～8 位为录入时的公历年份，第 9 位为进出口标志（"1"为进口，"0"为出口；集中申报清单"I"为进口，"E"为出口），后 9 位为顺序编号。

2. 海关编号

海关编号指海关接受申报时给予报关单的编号，一份报关单对应一个海关编号，由系统自动生成。

报关单海关编号为 18 位，其中第 1～4 位为接受申报海关的代码（海关规定的《关区代码表》中相应海关代码），第 5～8 位为海关接受申报的公历年份，第 9 位为进出口标志（"1"为进口，"0"为出口；集中申报清单"I"为进口，"E"为出口），后 9 位为顺序编号。

3. 境内收发货人

此栏填报在海关备案的对外签订并执行进出口贸易合同的中国境内法人、其他组织名称及编码。编码填报 18 位法人和其他组织统一社会信用代码，没有统一社会信用代码的，填报其在海关的备案编码。

4. 进出境关别

根据货物实际进出境的口岸海关，填报海关规定的《关区代码表》中相应口岸海关的名称及代码。

5. 进出口日期

进口日期填报运载进口货物的运输工具申报进境的日期。出口日期指运载出口货物的运输工具办结出境手续的日期，在申报时免予填报。无实际进出境的货物，填报海关接受申报的日期。

进出口日期为 8 位数字，顺序为年（4 位）、月（2 位）、日（2 位）。

6. 申报日期

申报日期指海关接受进出口货物收发货人、受委托的报关企业申报数据的日期。以电子数据报关单方式申报的，申报日期为海关计算机系统接受申报数据时记录的日期。以纸质报关单方式申报的，申报日期为海关接受纸质报关单并对报关单进行登记处理的日期。本栏目在申报时免予填报。

申报日期为8位数字，顺序为年（4位）、月（2位）、日（2位）。

7. 备案号

填报进出口货物收发货人、消费使用单位、生产销售单位在海关办理加工贸易合同备案或征、减、免税审核确认等手续时，海关核发的《加工贸易手册》《海关特殊监管区域和保税监管场所保税账册》《征免税证明》或其他备案审批文件的编号。

8. 境外收发货人

境外收货人通常指签订并执行出口贸易合同中的买方或合同指定的收货人，境外发货人通常指签订并执行进口贸易合同中的卖方。

填报境外收发货人的名称及编码。名称一般填报英文名称，检验检疫要求填报其他外文名称的，在英文名称后填报，以半角括号分隔；对于AEO互认国家（地区）企业的，编码填报AEO编码，填报样式为："国别（地区）代码＋海关企业编码"，例如：新加坡AEO企业SG123456789012（新加坡国别代码＋12位企业编码）；非互认国家（地区）AEO企业等其他情形，编码免予填报。

特殊情况下无境外收发货人的，名称及编码填报"NO"。

9. 运输方式

运输方式包括实际运输方式和海关规定的特殊运输方式，前者指货物实际进出境的运输方式，按进出境所使用的运输工具分类；后者指货物无实际进出境的运输方式，按货物在境内的流向分类。

根据货物实际进出境的运输方式或货物在境内流向的类别，按照海关规定的《运输方式代码表》选择填报相应的运输方式。

10. 运输工具名称及航次号

填报载运货物进出境的运输工具名称或编号及航次号。填报内容应与运输部门向海关申报的舱单（载货清单）所列相应内容一致。

（1）运输工具名称具体填报要求如下：

①直接在进出境地或采用全国通关一体化通关模式办理报关手续的报关单填报要求如下：

a. 水路运输：填报船舶编号（来往港澳小型船舶为监管簿编号）或者船舶英文名称。

b. 公路运输：启用公路舱单前，填报该跨境运输车辆的国内行驶车牌号，深圳提前报关模式的报关单填报国内行驶车牌号＋"/"＋"提前报关"。启用公路舱单后，免予填报。

c. 铁路运输：填报车厢编号或交接单号。

d. 航空运输：填报航班号。

e. 邮件运输：填报邮政包裹单号。

f. 其他运输：填报具体运输方式名称，例如：管道、驮畜等。

②转关运输货物的报关单填报要求如下：

进口：

  a. 水路运输：直转、提前报关填报"@"+16位转关申报单预录入号（或13位载货清单号）；中转填报进境英文船名。

  b. 铁路运输：直转、提前报关填报"@"+16位转关申报单预录入号；中转填报车厢编号。

  c. 航空运输：直转、提前报关填报"@"+16位转关申报单预录入号（或13位载货清单号）；中转填报"@"。

  d. 公路及其他运输：填报"@"+16位转关申报单预录入号（或13位载货清单号）。

  e. 以上各种运输方式使用广东地区载货清单转关的提前报关货物填报"@"+13位载货清单号。

出口：

  a. 水路运输：非中转填报"@"+16位转关申报单预录入号（或13位载货清单号）。如多张报关单需要通过一张转关单转关的，运输工具名称字段填报"@"。

  中转货物，境内水路运输填报驳船船名；境内铁路运输填报车名（主管海关4位关区代码+"TRAIN"）；境内公路运输填报车名（主管海关4位关区代码+"TRUCK"）。

  b. 铁路运输：填报"@"+16位转关申报单预录入号（或13位载货清单号），如多张报关单需要通过一张转关单转关的，填报"@"。

  c. 航空运输：填报"@"+16位转关申报单预录入号（或13位载货清单号），如多张报关单需要通过一张转关单转关的，填报"@"。

  d. 其他运输方式：填报"@"+16位转关申报单预录入号（或13位载货清单号）。

  ③采用"集中申报"通关方式办理报关手续的，报关单填报"集中申报"。

  ④免税品经营单位经营出口退税国产商品的，免予填报。

  ⑤无实际进出境的货物，免予填报。

（2）航次号具体填报要求如下：

1）直接在进出境地或采用全国通关一体化通关模式办理报关手续的报关单。

  a. 水路运输：填报船舶的航次号。

  b. 公路运输：启用公路舱单前，填报运输车辆的8位进出境日期〔顺序为年（4位）、月（2位）、日（2位），下同〕。启用公路舱单后，填报货物运输批次号。

  c. 铁路运输：填报列车的进出境日期。

  d. 航空运输：免予填报。

  e. 邮件运输：填报运输工具的进出境日期。

  f. 其他运输方式：免予填报。

2）转关运输货物的报关单。

①进口。

  a. 水路运输：中转转关方式填报"@"+进境干线船舶航次。直转、提前报关免予填报。

  b. 公路运输：免予填报。

  c. 铁路运输："@"+8位进境日期。

  d. 航空运输：免予填报。

e. 其他运输方式：免予填报。

②出口。

a. 水路运输：非中转货物免予填报。中转货物如境内水路运输填报驳船航次号；境内铁路、公路运输填报6位启运日期〔顺序为年（2位）、月（2位）、日（2位）〕。

b. 铁路拼车拼箱捆绑出口：免予填报。

c. 航空运输：免予填报。

d. 其他运输方式：免予填报。

3）免税品经营单位经营出口退税国产商品的，免予填报。

4）无实际进出境的货物，免予填报。

11. 提运单号

填报进出口货物提单或运单的编号。一份报关单只允许填报一个提单或运单号，一票货物对应多个提单或运单时，应分单填报。

具体填报要求如下：

（1）直接在进出境地或采用全国通关一体化通关模式办理报关手续的。

a. 水路运输：填报进出口提单号。如有分提单的，填报进出口提单号+" * "+分提单号。

b. 公路运输：启用公路舱单前，免予填报；启用公路舱单后，填报进出口总运单号。

c. 铁路运输：填报运单号。

d. 航空运输：填报总运单号+"_"+分运单号，无分运单的填报总运单号。

e. 邮件运输：填报邮运包裹单号。

（2）转关运输货物的报关单。

①进口。

a. 水路运输：直转、中转填报提单号。提前报关免予填报。

b. 铁路运输：直转、中转填报铁路运单号。提前报关免予填报。

c. 航空运输：直转、中转货物填报总运单号+"_"+分运单号。提前报关免予填报。

d. 其他运输方式：免予填报。

e. 以上运输方式进境货物，在广东省内用公路运输转关的，填报车牌号。

②出口。

a. 水路运输：中转货物填报提单号；非中转货物免予填报；广东省内汽车运输提前报关的转关货物，填报承运车辆的车牌号。

b. 其他运输方式：免予填报。广东省内汽车运输提前报关的转关货物，填报承运车辆的车牌号。

（3）采用"集中申报"通关方式办理报关手续的，报关单填报归并的集中申报清单的进出口起止日期〔按年（4位）月（2位）日（2位）年（4位）月（2位）日（2位）〕。

（4）无实际进出境的货物，免予填报。

12. 货物存放地点

填报货物进境后存放的场所或地点，包括海关监管作业场所、分拨仓库、定点加工厂、隔离检疫场、企业自有仓库等。

13. 消费使用单位/生产销售单位

（1）消费使用单位填报已知的进口货物在境内的最终消费、使用单位的名称，包括：

①自行进口货物的单位。
②委托进出口企业进口货物的单位。
（2）生产销售单位填报出口货物在境内的生产或销售单位的名称，包括：
①自行出口货物的单位。
②委托进出口企业出口货物的单位。
③免税品经营单位经营出口退税国产商品的，填报该免税品经营单位统一管理的免税店。
（3）减免税货物报关单的消费使用单位/生产销售单位应与《中华人民共和国海关进出口货物征免税证明》（以下简称《征免税证明》）的"减免税申请人"一致；保税监管场所与境外之间的进出境货物，消费使用单位/生产销售单位填报保税监管场所的名称（保税物流中心（B型）填报中心内企业名称）。
（4）海关特殊监管区域的消费使用单位/生产销售单位填报区域内经营企业（"加工单位"或"仓库"）。
（5）编码填报要求：
①填报18位法人和其他组织统一社会信用代码。
②无18位统一社会信用代码的，填报"NO"。
（6）进口货物在境内的最终消费或使用以及出口货物在境内的生产或销售的对象为自然人的，填报身份证号、护照号、台胞证号等有效证件号码及姓名。

14. 监管方式

监管方式是以国际贸易中进出口货物的交易方式为基础，结合海关对进出口货物的征税、统计及监管条件综合设定的海关对进出口货物的管理方式。其代码由4位数字构成，前两位是按照海关监管要求和计算机管理需要划分的分类代码，后两位是参照国际标准编制的贸易方式代码。

根据实际对外贸易情况按海关规定的《监管方式代码表》选择填报相应的监管方式简称及代码。一份报关单只允许填报一种监管方式。

15. 征免性质

根据实际情况按海关规定的《征免性质代码表》选择填报相应的征免性质简称及代码，持有海关核发的《征免税证明》的，按照《征免税证明》中批注的征免性质填报。一份报关单只允许填报一种征免性质。

加工贸易货物报关单按照海关核发的《加工贸易手册》中批注的征免性质简称及代码填报。

16. 许可证号

填报进（出）口许可证、两用物项和技术进（出）口许可证、两用物项和技术出口许可证（定向）、纺织品临时出口许可证、出口许可证（加工贸易）、出口许可证（边境小额贸易）的编号。

免税品经营单位经营出口退税国产商品的，免予填报。

一份报关单只允许填报一个许可证号。

17. 启运港

填报进口货物在运抵我国关境前的第一个境外装运港。

根据实际情况，按海关规定的《港口代码表》填报相应的港口名称及代码，未在《港口代码表》列明的，填报相应的国家名称及代码。货物从海关特殊监管区域或保税监管场所运至境内区外的，填报《港口代码表》中相应海关特殊监管区域或保税监管场所的名称及代码，未在《港口代码表》中列明的，填报"未列出的特殊监管区"及代码。

其他无实际进境的货物，填报"中国境内"及代码。

18. 合同协议号

填报进出口货物合同（包括协议或订单）编号。未发生商业性交易的免予填报。

免税品经营单位经营出口退税国产商品的，免予填报。

19. 贸易国（地区）

发生商业性交易的进口填报购自国（地区），出口填报售予国（地区）。未发生商业性交易的填报货物所有权拥有者所属的国家（地区）。

按海关规定的《国别（地区）代码表》选择填报相应的贸易国（地区）中文名称及代码。

20. 启运国（地区）/运抵国（地区）

启运国（地区）填报进口货物启始发出直接运抵我国或者在运输中转国（地）未发生任何商业性交易的情况下运抵我国的国家（地区）。

运抵国（地区）填报出口货物离开我国关境直接运抵或者在运输中转国（地区）未发生任何商业性交易的情况下最后运抵的国家（地区）。

不经过第三国（地区）转运的直接运输进出口货物，以进口货物的装货港所在国（地区）为启运国（地区），以出口货物的指运港所在国（地区）为运抵国（地区）。

经过第三国（地区）转运的进出口货物，如在中转国（地区）发生商业性交易，则以中转国（地区）作为启运/运抵国（地区）。

按海关规定的《国别（地区）代码表》选择填报相应的启运国（地区）或运抵国（地区）中文名称及代码。

无实际进出境的货物，填报"中国"及代码。

21. 经停港/指运港

经停港填报进口货物在运抵我国关境前的最后一个境外装运港。

指运港填报出口货物运往境外的最终目的港；最终目的港不可预知的，按尽可能预知的目的港填报。

根据实际情况，按海关规定的《港口代码表》选择填报相应的港口名称及代码。经停港/指运港在《港口代码表》中无港口名称及代码的，可选择填报相应的国家名称及代码。

无实际进出境的货物，填报"中国境内"及代码。

22. 入境口岸/离境口岸

入境口岸填报进境货物从跨境运输工具卸离的第一个境内口岸的中文名称及代码；采取多式联运跨境运输的，填报多式联运货物最终卸离的境内口岸中文名称及代码；过境货物填报货物进入境内的第一个口岸的中文名称及代码；从海关特殊监管区域或保税监管场所进境的，填报海关特殊监管区域或保税监管场所的中文名称及代码。其他无实际进境的货物，填报货物所在地的城市名称及代码。

离境口岸填报装运出境货物的跨境运输工具离境的第一个境内口岸的中文名称及代码；

采取多式联运跨境运输的，填报多式联运货物最初离境的境内口岸中文名称及代码；过境货物填报货物离境的第一个境内口岸的中文名称及代码；从海关特殊监管区域或保税监管场所离境的，填报海关特殊监管区域或保税监管场所的中文名称及代码。其他无实际出境的货物，填报货物所在地的城市名称及代码。

入境口岸/离境口岸类型包括港口、码头、机场、机场货运通道、边境口岸、火车站、车辆装卸点、车检场、陆路港、坐落在口岸的海关特殊监管区域等。按海关规定的《国内口岸编码表》选择填报相应的境内口岸名称及代码。

23. 包装种类

填报进出口货物的所有包装材料，包括运输包装和其他包装，按海关规定的《包装种类代码表》选择填报相应的包装种类名称及代码。运输包装指提运单所列货物件数单位对应的包装，其他包装包括货物的各类包装，以及植物性铺垫材料等。

24. 件数

填报进出口货物运输包装的件数（按运输包装计）。特殊情况填报要求如下：
（1）舱单件数为集装箱的，填报集装箱个数。
（2）舱单件数为托盘的，填报托盘数。
不得填报为零，裸装货物填报为"1"。

25. 毛重（千克）

填报进出口货物及其包装材料的重量之和，计量单位为千克，不足一千克的填报为"1"。

26. 净重（千克）

填报进出口货物的毛重减去外包装材料后的重量，即货物本身的实际重量，计量单位为千克，不足一千克的填报为"1"。

27. 成交方式

根据进出口货物实际成交价格条款，按海关规定的《成交方式代码表》选择填报相应的成交方式代码。

需要注意的是报关单填制中的"CIF""CFR""FOB"成交方式是中国海关规定的《成交方式代码表》中所指定的成交方式，与《国际贸易术语解释通则》中的贸易术语内涵并非完全一致。

无实际进出境的货物，进口填报 CIF，出口填报 FOB。

28. 运费

填报进口货物运抵我国境内输入地点起卸前的运输费用，出口货物运至我国境内输出地点装载后的运输费用。

运费可按运费单价、总价或运费率三种方式之一填报，注明运费标记（运费标记"1"表示运费率，"2"表示每吨货物的运费单价，"3"表示运费总价），并按海关规定的《货币代码表》选择填报相应的币种代码。

免税品经营单位经营出口退税国产商品的，免予填报。

29. 保费

填报进口货物运抵我国境内输入地点起卸前的保险费用，出口货物运至我国境内输出地点装载后的保险费用。

保费可按保险费总价或保险费率两种方式之一填报，注明保险费标记（保险费标记"1"表示保险费率，"3"表示保险费总价），并按海关规定的《货币代码表》选择填报相应的币种代码。

免税品经营单位经营出口退税国产商品的，免予填报。

30. 杂费

填报成交价格以外的、按照《中华人民共和国进出口关税条例》相关规定应计入完税价格或应从完税价格中扣除的费用。可按杂费总价或杂费率两种方式之一填报，注明杂费标记（杂费标记"1"表示杂费率，"3"表示杂费总价），并按海关规定的《货币代码表》选择填报相应的币种代码。

应计入完税价格的杂费填报为正值或正率，应从完税价格中扣除的杂费填报为负值或负率。

免税品经营单位经营出口退税国产商品的，免予填报。

31. 随附单证及编号

根据海关规定的《监管证件代码表》和《随附单据代码表》选择填报除本规范第十六条规定的许可证件以外的其他进出口许可证件或监管证件、随附单据代码及编号。

本栏目分为随附单据代码和随附单据编号两栏，其中代码栏按海关规定的《监管证件代码表》和《随附单据代码表》选择填报相应证件代码；随附单据编号栏填报证件编号。

32. 标记唛码及备注

填报要求如下：

（1）标记唛码中除图形以外的文字、数字，无标记唛码的填报 N/M。

（2）受外商投资企业委托代理其进口投资设备、物品的进出口企业名称。

（3）与本报关单有关联关系的，同时在业务管理规范方面又要求填报的备案号，填报在电子数据报关单中"关联备案"栏。

（4）与本报关单有关联关系的，同时在业务管理规范方面又要求填报的报关单号，填报在电子数据报关单中"关联报关单"栏。

（5）办理进口货物直接退运手续的，填报"＜ZT"+"海关审核联系单号或者《海关责令进口货物直接退运通知书》编号"+"＞"。办理固体废物直接退运手续的，填报"固体废物，直接退运表××号/责令直接退运通知书××号"。

（6）保税监管场所进出货物，在"保税/监管场所"栏填报本保税监管场所编码（保税物流中心（B型）填报本中心的国内地区代码），其中涉及货物在保税监管场所间流转的，在本栏填报对方保税监管场所代码。

（7）涉及加工贸易货物销毁处置的，填报海关加工贸易货物销毁处置申报表编号。

（8）当监管方式为"暂时进出货物"（代码 2600）和"展览品"（代码 2700）时，填报要求如下：

①根据《中华人民共和国海关暂时进出境货物管理办法》（海关总署令第 233 号，以下简称《管理办法》）第三条第一款所列项目，填报暂时进出境货物类别，如：暂进六，暂出九。

②根据《管理办法》第十条规定，填报复运出境或者复运进境日期，期限应在货物进出境之日起 6 个月内，如：20180815 前复运进境，20181020 前复运出境。

③根据《管理办法》第七条，向海关申请对有关货物是否属于暂时进出境货物进行审核确认的，填报《中华人民共和国××海关暂时进出境货物审核确认书》编号，如：＜ZS海关审核确认书编号＞，其中英文为大写字母；无此项目的，无须填报。

上述内容依次填报，项目间用"/"分隔，前后均不加空格。

④收发货人或其代理人申报货物复运进境或者复运出境的。

货物办理过延期的，根据《管理办法》填报《货物暂时进/出境延期办理单》的海关回执编号，如：＜ZS海关回执编号＞，其中英文为大写字母；无此项目的，无须填报。

（9）跨境电子商务进出口货物，填报"跨境电子商务"。

（10）加工贸易副产品内销，填报"加工贸易副产品内销"。

（11）服务外包货物进口，填报"国际服务外包进口货物"。

（12）公式定价进口货物填报公式定价备案号，格式为："公式定价"＋备案编号＋"@"。对于同一报关单下有多项商品的，如某项或某几项商品为公式定价备案的，则备注栏内填报为："公式定价"＋备案编号＋"#"＋商品序号＋"@"。

（13）进出口与《预裁定决定书》列明情形相同的货物时，按照《预裁定决定书》填报，格式为："预裁定＋《预裁定决定书》编号"（例如：某份预裁定决定书编号为R－2－0100－2018－0001，则填报为"预裁定R－2－0100－2018－0001"）。

（14）含归类行政裁定报关单，填报归类行政裁定编号，格式为："c"＋四位数字编号，例如c0001。

（15）已经在进入特殊监管区时完成检验的货物，在出区入境申报时，填报"预检验"字样，同时在"关联报检单"栏填报实施预检验的报关单号。

（16）进口直接退运的货物，填报"直接退运"字样。

（17）企业提供ATA单证册的货物，填报"ATA单证册"字样。

（18）不含动物源性低风险生物制品，填报"不含动物源性"字样。

（19）货物自境外进入境内特殊监管区或者保税仓库的，填报"保税入库"或者"境外入区"字样。

（20）海关特殊监管区域与境内区外之间采用分送集报方式进出的货物，填报"分送集报"字样。

（21）军事装备出入境的，填报"军品"或"军事装备"字样。

（22）申报HS为3821000000、3002300000的，属于下列情况的，填报要求为：属于培养基的，填报"培养基"字样；属于化学试剂的，填报"化学试剂"字样；不含动物源性成分的，填报"不含动物源性"字样。

（23）属于修理物品的，填报"修理物品"字样。

（24）属于下列情况的，填报"压力容器""成套设备""食品添加剂""成品退换""旧机电产品"等字样。

（25）申报HS为2903890020（入境六溴环十二烷），用途为"其他（99）"的，填报具体用途。

（26）集装箱体信息填报集装箱号（在集装箱箱体上标示的全球唯一编号）、集装箱规格、集装箱商品项号关系（单个集装箱对应的商品项号，半角逗号分隔）、集装箱货重（集装箱箱体自重＋装载货物重量，千克）。

（27）申报HS为3006300000、3504009000、3507909010、3507909090、3822001000、3822009000，不属于"特殊物品"的，填报"非特殊物品"字样。"特殊物品"定义见《出入境特殊物品卫生检疫管理规定》（国家质量监督检验检疫总局令第160号公布，根据国家质量监督检验检疫总局令第184号、海关总署令第238号、第240号、第243号修改）。

（28）进出口列入目录的进出口商品及法律、行政法规规定须经出入境检验检疫机构检验的其他进出口商品实施检验的，填报"应检商品"字样。

（29）申报时其他必须说明的事项。

33. 项号

分两行填报。第一行填报报关单中的商品顺序编号；第二行填报备案序号，专用于加工贸易及保税、减免税等已备案、审批的货物，填报该项货物在《加工贸易手册》或《征免税证明》等备案、审批单证中的顺序编号。有关优惠贸易协定项下报关单填制要求按照海关总署相关规定执行。

34. 商品编号

填报由10位数字组成的商品编号。前8位为《中华人民共和国进出口税则》和《中华人民共和国海关统计商品目录》确定的编码；9、10位为监管附加编号。

35. 商品名称及规格型号

分两行填报。第一行填报进出口货物规范的中文商品名称，第二行填报规格型号。填报要求如下：

（1）商品名称及规格型号应据实填报，并与进出口货物收发货人或受委托的报关企业所提交的合同、发票等相关单证相符。

（2）商品名称应当规范，规格型号应当足够详细，以能满足海关归类、审价及许可证件管理要求为准，可参照《中华人民共和国海关进出口商品规范申报目录》中对商品名称、规格型号的要求进行填报。

（3）已备案的加工贸易及保税货物，填报的内容必须与备案登记中同项号下货物的商品名称一致。

（4）由同一运输工具同时运抵同一口岸并且属于同一收货人、使用同一提单的多种进口货物，按照商品归类规则应当归入同一商品编号的，应当将有关商品一并归入该商品编号。商品名称填报一并归类后的商品名称；规格型号填报一并归类后商品的规格型号。

（5）加工贸易边角料和副产品内销、边角料复出口，填报其报验状态的名称和规格型号。

（6）品牌类型。品牌类型为必填项目。可选择"无品牌"（代码0）、"境内自主品牌"（代码1）、"境内收购品牌"（代码2）、"境外品牌（贴牌生产）"（代码3）、"境外品牌（其他）"（代码4）如实填报。其中，"境内自主品牌"是指由境内企业自主开发、拥有自主知识产权的品牌；"境内收购品牌"是指境内企业收购的原境外品牌；"境外品牌（贴牌生产）"是指境内企业代工贴牌生产中使用的境外品牌；"境外品牌（其他）"是指除代工贴牌生产以外使用的境外品牌。上述品牌类型中，除"境外品牌（贴牌生产）"仅用于出口外，其他类型均可用于进口和出口。

（7）出口享惠情况。出口享惠情况为出口报关单必填项目。可选择"出口货物在最终目的国（地区）不享受优惠关税""出口货物在最终目的国（地区）享受优惠关税""出口货物不能确定在最终目的国（地区）享受优惠关税"如实填报。进口货物报关单不填报该申报项。

36. 数量及单位

分三行填报。

（1）第一行按进出口货物的法定第一计量单位填报数量及单位，法定计量单位以《中华人民共和国海关统计商品目录》中的计量单位为准。

（2）凡列明有法定第二计量单位的，在第二行按照法定第二计量单位填报数量及单位。无法定第二计量单位的，第二行为空。

（3）成交计量单位及数量填报在第三行。

37. 单价

填报同一项号下进出口货物实际成交的商品单位价格。无实际成交价格的，填报单位货值。

38. 总价

填报同一项号下进出口货物实际成交的商品总价格。无实际成交价格的，填报货值。

39. 币制

按海关规定的《货币代码表》选择相应的货币名称及代码填报，如《货币代码表》中无实际成交币种，需将实际成交货币按申报日外汇折算率折算成《货币代码表》列明的货币填报。

40. 原产国（地区）

原产国（地区）依据《中华人民共和国进出口货物原产地条例》《中华人民共和国海关关于执行〈非优惠原产地规则中实质性改变标准〉的规定》以及海关总署关于各项优惠贸易协定原产地管理规章规定的原产地确定标准填报。同一批进出口货物的原产地不同的，分别填报原产国（地区）。进出口货物原产国（地区）无法确定的，填报"国别不详"。

按海关规定的《国别（地区）代码表》选择填报相应的国家（地区）名称及代码。

41. 最终目的国（地区）

最终目的国（地区）填报已知的进出口货物的最终实际消费、使用或进一步加工制造国家（地区）。不经过第三国（地区）转运的直接运输货物，以运抵国（地区）为最终目的国（地区）；经过第三国（地区）转运的货物，以最后运往国（地区）为最终目的国（地区）。同一批进出口货物的最终目的国（地区）不同的，分别填报最终目的国（地区）。进出口货物不能确定最终目的国（地区）时，以尽可能预知的最后运往国（地区）为最终目的国（地区）。

按海关规定的《国别（地区）代码表》选择填报相应的国家（地区）名称及代码。

42. 境内目的地/境内货源地

境内目的地填报已知的进口货物在国内的消费、使用地或最终运抵地，其中最终运抵地为最终使用单位所在的地区。最终使用单位难以确定的，填报货物进口时预知的最终收货单位所在地。

境内货源地填报出口货物在国内的产地或原始发货地。出口货物产地难以确定的，填报最早发运该出口货物的单位所在地。

海关特殊监管区域、保税物流中心（B型）与境外之间的进出境货物，境内目的地/境内货源地填报本海关特殊监管区域、保税物流中心（B型）所对应的国内地区。

按海关规定的《国内地区代码表》选择填报相应的国内地区名称及代码。境内目的地还需根据《中华人民共和国行政区划代码表》选择填报其对应的县级行政区名称及代码。无下属区县级行政区的，可选择填报地市级行政区。

43. 征免

按照海关核发的《征免税证明》或有关政策规定，对报关单所列每项商品选择海关规定的《征减免税方式代码表》中相应的征减免税方式填报。

加工贸易货物报关单根据《加工贸易手册》中备案的征免规定填报；《加工贸易手册》中备案的征免规定为"保金"或"保函"的，填报"全免"。

44. 特殊关系确认

根据《中华人民共和国海关审定进出口货物完税价格办法》（以下简称《审价办法》）第十六条，填报确认进出口行为中买卖双方是否存在特殊关系，有下列情形之一的，应当认为买卖双方存在特殊关系，应填报"是"，反之则填报"否"：

（1）买卖双方为同一家族成员的。
（2）买卖双方互为商业上的高级职员或者董事的。
（3）一方直接或者间接地受另一方控制的。
（4）买卖双方都直接或者间接地受第三方控制的。
（5）买卖双方共同直接或者间接地控制第三方的。
（6）一方直接或者间接地拥有、控制或者持有对方5%以上（含5%）公开发行的有表决权的股票或者股份的。
（7）一方是另一方的雇员、高级职员或者董事的。
（8）买卖双方是同一合伙的成员的。

买卖双方在经营上相互有联系，一方是另一方的独家代理、独家经销或者独家受让人，如果符合前款的规定，也应当视为存在特殊关系。

出口货物免予填报，加工贸易及保税监管货物（内销保税货物除外）免予填报。

45. 价格影响确认

根据《审价办法》第十七条，填报确认纳税义务人是否可以证明特殊关系未对进口货物的成交价格产生影响，纳税义务人能证明其成交价格与同时或者大约同时发生的下列任何一款价格相近的，应视为特殊关系未对成交价格产生影响，填报"否"，反之则填报"是"：

（1）向境内无特殊关系的买方出售的相同或者类似进口货物的成交价格。
（2）按照《审价办法》第二十三条的规定所确定的相同或者类似进口货物的完税价格。
（3）按照《审价办法》第二十五条的规定所确定的相同或者类似进口货物的完税价格。

出口货物免予填报，加工贸易及保税监管货物（内销保税货物除外）免予填报。

46. 支付特许权使用费确认

根据《审价办法》第十一条和第十三条，填报确认买方是否存在向卖方或者有关方直接或者间接支付与进口货物有关的特许权使用费，且未包括在进口货物的实付、应付价格中。

买方存在需向卖方或者有关方直接或者间接支付特许权使用费，且未包含在进口货物实付、应付价格中，并且符合《审价办法》第十三条的，在"支付特许权使用费确认"栏目填报"是"。

买方存在需向卖方或者有关方直接或者间接支付特许权使用费，且未包含在进口货物实付、应付价格中，但纳税义务人无法确认是否符合《审价办法》第十三条的，填报"是"。

买方存在需向卖方或者有关方直接或者间接支付特许权使用费且未包含在实付、应付价格中，纳税义务人根据《审价办法》第十三条，可以确认需支付的特许权使用费与进口货物无关的，填报"否"。

买方不存在向卖方或者有关方直接或者间接支付特许权使用费的，或者特许权使用费已经包含在进口货物实付、应付价格中的，填报"否"。

出口货物免予填报，加工贸易及保税监管货物（内销保税货物除外）免予填报。

47. 自报自缴

进出口企业、单位采用"自主申报、自行缴税"（自报自缴）模式向海关申报时，填报"是"；反之则填报"否"。

48. 申报单位

自理报关的，填报进出口企业的名称及编码；委托代理报关的，填报报关企业名称及编码。编码填报十八位法人和其他组织统一社会信用代码。

报关人员填报在海关备案的姓名、编码、电话，并加盖申报单位印章。

49. 海关批注及签章

供海关作业时签注。

相关用语的含义：

报关单录入凭单：指申报单位按报关单的格式填写的凭单，用作报关单预录入的依据。该凭单的编号规则由申报单位自行决定。

预录入报关单：指预录入单位按照申报单位填写的报关单凭单录入、打印由申报单位向海关申报，海关尚未接受申报的报关单。

报关单证明联：指海关在核实货物实际进出境后按报关单格式提供的，用作进出口货物收发货人向国税、外汇管理部门办理退税和外汇核销手续的证明文件。

本规范所述尖括号（< >）、逗号（,）、连接符（-）、冒号（:）等标点符号及数字，填报时都必须使用非中文状态下的半角字符。报关单的格式如样单5-2-1和样单5-2-2所示。

做爱岗敬业、诚实守信的报关人

样单 5-2-1 中华人民共和国海关进口货物报关单

预录入编号：(1)　　　海关编号：(2)

境内收货人(3)		进境关别(4)		进口日期(5)	申报日期(6)	备案号(7)
境外发货人(8)		运输方式(9)	运输工具名称及航次号(10)		提运单号(11)	货物存放地点(12)
消费使用单位(13)		监管方式(14)	征免性质(15)		许可证号(16)	启运港(17)
合同协议号(18)	贸易国(地区)(19)	启运国(地区)(20)	经停港(21)		入境口岸(22)
包装种类(23)	件数(24)	毛重(公斤)(25)	净重(公斤)(26)	成交方式(27)	运费(28)	保费(29)	杂费(30)

随附单证及备注(31)
标记唛码及备注(32)

项号(33)	商品编号(34)	商品名称及规格型号(35)	数量及单位(36)	单价/总价/币制(37)/(38)/(39)	原产国(地区)(40)	最终目的国(地区)(41)	境内目的地(42)	征免(43)

特殊关系确认：(44)	价格影响确认：(45)	支付特许权使用费确认：(46)	自报自缴(47)
报关人员　　报关人员证号	电话	兹申明对以上内容承担如实申报，依法纳税之法律责任	海关批注及签章(49)
申报单位(48)		申报单位(签章)	

110

样单 5-2-2　中华人民共和国海关出口货物报关单

预录入编号:(1)　　海关编号:(2)

境内发货人(3)	出境关别(4)	出口日期(5)	申报日期(6)	备案号(7)
境内发货人(8)	运输方式(9)	运输工具名称及航次号(10)		提运单号(11)
生产销售单位(13)	监管方式(14)	征免性质(15)		许可证号(16)
合同协议号(18)	贸易国(地区)(19)	运抵国(地区)(20)	指运港(21)	离境口岸(22)
包装种类(23)	件数(24)	毛重(公斤)(25)	净重(公斤)(26)	成交方式(27)	运费(28)	保费(29)	杂费(30)
随附单证及编号(31)				
标记唛码及备注(32)				
项号(33)	商品编号(34)	商品名称及规格型号(35)	数量及单位(36)	单价/总价/币制(37)/(38)/(39)	原产国(地区)(40)	最终目的国(地区)(41)	境内目的地(42)	征免(43)
特殊关系确认:(44)	价格影响确认:(45)	支付特许权使用费确认:(46)	自报自缴:(47)	
报关人员	报关人员证号	电话	兹申明对以上内容承担如实申报、依法纳税之法律责任	海关批注及签章(49)
申报单位(48)			申报单位(签章)	

任务实施

任务实施步骤
1. 查阅并审核背景资料 2. 根据背景材料缮制出口货物报关单（附表5–2–1） 3. 自我审核 4. 小组成员交换审核
任务实施过程纪要

附表 5-2-1　中华人民共和国海关出口货物报关单

预录入编号：　　　　　海关编号：

境内发货人			出境关别	出口日期	申报日期		备案号
境内收货人			运输方式	运输工具名称及航次号	提运单号		
生产销售单位			监管方式	征免性质	许可证号		
合同协议号		贸易国（地区）	运抵国（地区）	指运港		离境口岸	
包装种类	件数	毛重（公斤）	净重（公斤）	成交方式	运费	保费	杂费
随附单证及编号							
标记唛码及备注							
项号	商品编号	商品名称及规格型号	数量及单位	单价/总价/币制	原产国（地区）	最终目的国（地区）	境内货源地	征免
特殊关系确认：　　　　价格影响确认：　　　　支付特许权使用费确认：　　　　自报自缴								
报关人员	报关人员证号		电话	兹申明对以上内容承担如实申报，依法纳税之法律责任 签章			海关批注及签章	
申报单位（48）						申报单位（签章）		

任务实施评价

序号	评价内容	得分			综合得分
		自评（40%）	组评（30%）	师评（30%）	
1	报关单缮制规范掌握情况（10分）				
2	出口货物报关单缮制（60分）				
3	出口货物报关单审核（20分）				
4	小组协作（10分）				
	合计				

任务总结

出口货物报关单缮制要点
在本任务的实施过程中遇到了哪些问题？是如何解决的？

拓展训练

训练 2

业务资料：

秦皇岛天远进出口有限公司和澳大利亚 OBJECTIVE LEARNING MATERIALS 公司签订了出口三角板的国际货物买卖合同，秦皇岛天远进出口有限公司对外方开来的信用证审核无误后，备齐货物办理出口手续，作为公司的报关员，根据随附单据缮制出口货物报关单（附表 5-2-2）。

资料补充如下：

INVOICE NO：13WHD206
INVOICE DATE：JULY 26，2022
PACKING：PACKED IN STRONG EXPORT CARTON
GROSS WEIGHT：375.00KGS
NET WEIGHT：310.00KGS

附表 5－2－2 中华人民共和国海关出口货物报关单

预录入编号：　　　　　　　　　　海关编号：

境内发货人		出境关别	出口日期	申报日期	备案号
境内发货人		运输方式	运输工具名称及航次号	提运单号	
生产销售单位		监督方式	征免性质	许可证号	
合同协议号	贸易国（地区）	运抵国（地区）	指运港		离境口岸
包装种类	件数	毛重（公斤）	净重（公斤）	成交方式	运费	保费	杂费
随附单证及编号					
标记唛码及备注					
项号	商品编号	商品名称及规格型号	数量及单位	单价/总价/币制	原产国（地区）	最终目的国（地区）	境内货源地	征免
特殊关系确认： 价格影响确认： 支付特许权使用费确认：				自报自缴：	
报关人员 报关人员证号 电话		兹申明对以上内容承担如实申报，依法纳税之法律责任			海关批注及签章
申报单位		申报单位（签章）			

任务三　缮制原产地证

任务发布

专　业			课程名称	
项目五	缮制官方单据		工作任务三	缮制原产地证
学　时			组　别	
姓　名	组长：	成员：		
任务情境				

秦皇岛天远进出口有限公司（QINHUANGDAO CITY TIANYUAN IMP/EXP CO.，LTD.，FLOOR 8，NO. 8 TIANTAISHAN ROAD，DEVELOPMENT ZONE，QINHUANGDAO CHINA）和毛里求斯 NE KWET PIN LTD.，×× ROYAL STREET PORT LOUIS，MAURITIUS 公司签订了出口水彩的国际货物买卖合同，秦皇岛天远进出口有限公司对外方开来的信用证审核无误后，备齐货物准备办理出口手续。缮制出口单据———一般原产地证书。

INVOICE NO：21WHD201
INVOICE DATE：MAR 12，2021
PACKING：PACKED IN STRONG EXPORT CARTON WITH STRAPS
GROSS WEIGHT：2,789.00KGS
NET WEIGHT：2,559.00KGS

工作与学习目标

熟知一般原产地证书的内容及缮制规范
根据资料熟练完成一般原产地证书的缮制
准确审核一般原产地证书
归纳总结易错栏目的缮制技巧

工作任务

根据背景资料缮制一般原产地证书

知识储备

进口货物关税税率与原产地的关系

一、认识原产地证书

（一）含义

原产地证书是证明商品的原产地，即货物的生产或制造地的一种证明文件。它是进口国对进口货物确定关税待遇，进行贸易统计、实行数量限制和控制从特定国家进口的主要依据。

（二）类别

普惠制原产地证书样本

RCEP 协定原产地证书样本

（1）根据原产地规则的不同，原产地证可分为优惠原产地证和非优惠原产地证。优惠原产地证主要用于享受关税减免待遇，我国现在签发的优惠原产地证主要有：普惠制原产地证和区域性优惠原产地证。非优惠原产地证主要用于征收关税、贸易统计、保障措施、歧视性数量限制、反倾销和反补贴、政府采购等方面，现我国签发的非优惠原产地证即一般原产地证。

（2）根据用途不同，原产地证可分为一般原产地证（CO 原产地证）、普惠制原产地证（FORM A 原产地证）、区域性优惠原产地证（即自贸区优惠原产地证）和专用原产地证四类。

二、一般原产地证的填报

（一）出口商（Exporter）

此栏填写出口商的名称、详细地址及国家（地区）。一般可按有效外贸合同的卖方填写，信用证项下为受益人。

（二）收货人（Consignee）

此栏应填写最终收货人的名称、详细地址及国家（地区），通常是外贸合同中的买方或信用证上规定的提单通知人。由于外贸的需要，信用证会规定收货人一栏留空，在这种情况下，此栏应加注"TO WHOM IT MAY CONCERN"或"TO ORDER"，但不得留空。若需填写转口商名称时，可在收货人后面加填英文 VIA，然后再填写转口商名称、地址、国家。

(三) 运输方式和路线 (Means of Transport and Route)

此栏一般应填写装货地点（装货港）、到货地点（目的港）及运输方式（如海运、陆运、空运）。转运货物应加上转运港，如 VIA HONGKONG。例如：From Tianjin to London via Hong Kong by Vessel。

(四) 目的国或地区 (Country/Region of Destination)

此栏填写货物运抵的最终目的国或地区。

(五) 签证机构用 (For Certifying Authority Use Only)

一般情况下此栏留空，仅供签证机构对后发证书、补发证书或加注其他声明时使用。

(六) 唛头及包装号 (Marks and Numbers)

此栏填写货物外包装上的运输标识，应与商业发票、提单唛头栏填写一致。如唛头过多，此栏不够填写，可填写在第 7、8、9、10 栏截止线以下的空白处。如还不够，此栏填打上"SEE THE ATTACHMENT"，用附页填打所有唛头（附页的纸张要与原证书一般大小），在右上角打上证书号，并由申请单位和签证当局授权签字人分别在附页末页的右下角和左下角手签、盖印。附页手签的笔迹、地点、日期均与证书第 11 栏、第 12 栏相一致。如货物无唛头应填写"无唛头（N/M 或 NO MARK）"。

(七) 包装数量及种类；商品描述 (Number and Kind of Packages; Description of Goods)

包装数量必须同时用英文和阿拉伯数字表示。商品名称必须具体（如男衬衣/MEN'S SHIRTS），不能填写笼统名称（如纺织品/TEXTILES）。商品名称填完后，应在下一行加上表示结束的符号"******"，以防止加填伪造内容。国外信用证有时要求填具合同、信用证号码等，可填在结束符号下方，用 Remark 起始。

(八) 商品编码 (H. S. Code)

此栏填写商品的 H. S. 编码，应该与报关单中的商品编码一致，若同一证书包含几种编码不同的商品，应填写所有的商品编码。

(九) 毛重或其他数量 (Quantity)

此栏填写商品的数量及单位，应与商业发票中的相应内容填写一致。以重量计算的填毛重；只有净重的填净重，但要标注，如 N. W. 1, 520KGS。

(十) 发票号码及日期 (Number and Date of Invoices)

此栏填写发票号码和日期，应与商业发票的内容显示一致，发票日期不得迟于出货日期。月份一律用英文（可用缩写）表示，如 Mar 21, 2022。

(十一) 出口商的声明 (Declaration by the Exporter)

出口商声明的内容已经印刷好。出口商在此栏的空白处，由已在签证机构注册的法人代表或签署人员手签，加盖有中英文的条形章或公章，此栏还需填制申报地点和时间。

(十二) 签证机构证明 (Certification)

签证机构证明的内容已经印刷好。所申请的证书，经签证机构审核人员审核无误后，由授权的签证人在此栏手签姓名并盖签机构章。签证机构还要在此注明签发地点和签发日期。签发日期不得早于发票日期和申请日期。

以下为一般原产地证书（附表5-3-1）。

附表5-3-1 一般原产地证书

ORIGINAL

1. Exporter（1）	Certificate No.
2. Consignee（2）	**CERTIFICATE OF ORIGIN OF** THE PEOPLE'S REPUBLIC OF CHINA
3. Means of transport and route（3）	5. For certifying authority use only（5）
4. Country/region of destination（4）	

6. Marks and numbers（6）	7. Number and kind of packages; description of goods（7）	8. H. S. Code（8）	9. Quantity（9）	10. Number, date of invoice（10）

11. Declaration by the exporter（11）	12. Certification（12）
The undersigned hereby declares that the above details and statements are correct, that all the goods were produced in China and that they comply with the Rules of Origin of the People's Republic of China.	It is hereby certified that the declaration by the exporter is correct.
Place and date, signature and stamp of authorized signatory	Place and date, signature and stamp of certifying authority

任 务 实 施

任务实施步骤
1. 查阅并审核背景资料 2. 根据背景材料缮制一般原产地证书（附表 5–3–1） 3. 自我审核 4. 小组成员交换审核
任务实施过程纪要

附表 5–3–1 一般原产地证书

ORIGINAL

1. Exporter	Certificate No.
	CERTIFICATE OF ORIGIN
2. Consignee	**OF**
	THE PEOPLE'S REPUBLIC OF CHINA
3. Means of transport and route	5. For certifying authority use only
4. Country/region of destination	

6. Marks and numbers	7. Number and kind of packages; description of goods	8. H. S. Code	9. Quantity	10. Number, date of invoice

11. Declaration by the exporter	12. Certification
The undersigned hereby declares that the above details and statements are correct, that all the goods were produced in China and that they comply with the Rules of Origin of the People's Republic of China.	It is hereby certified that the declaration by the exporter is correct.
Place and date, signature and stamp of authorized signatory	Place and date, signature and stamp of certifying authority

任务实施评价

序号	评价内容	得分			综合得分
		自评（40%）	组评（30%）	师评（30%）	
1	一般原产地证书缮制规范掌握情况（10分）				
2	一般原产地证书缮制（60分）				
3	一般原产地证书审核（20分）				
4	小组协作（10分）				
合计					

任务总结

一般原产地证书缮制要点
在本任务的实施过程中遇到了哪些问题？是如何解决的？

拓展训练

训练3

业务资料：

秦皇岛天远进出口有限公司和澳大利亚 OBJECTIVE LEARNING MATERIALS 公司签订了出口三角板的国际货物买卖合同，秦皇岛天远进出口有限公司对外方开来的信用证审核无误后，备齐货物办理出口手续，作为公司的报关员，根据随附单据缮制一般原产地证书（附表5－3－2）。

资料补充如下：

INVOICE NO：13WHD206

INVOICE DATE：JULY 26，2022

PACKING：PACKED IN STRONG EXPORT CARTON

GROSS WEIGHT：375.00KGS

NET WEIGHT：310.00KGS

附表 5-3-2 一般原产地证书

ORIGINAL

1. Exporter	Certificate No.
	CERTIFICATE OF ORIGIN
	OF
2. Consignee	**THE PEOPLE'S REPUBLIC OF CHINA**
3. Means of transport and route	5. For certifying authority use only
4. Country/region of destination	

6. Marks and numbers	7. Number and kind of packages; description of goods	8. H. S. Code	9. Quantity	10. Number, date of invoice

11. Declaration by the exporter	12. Certification
The undersigned hereby declares that the above details and statements are correct, that all the goods were produced in China and that they comply with the Rules of Origin of the People's Republic of China.	It is hereby certified that the declaration by the exporter is correct.
Place and date, signature and stamp of authorized signatory	Place and date, signature and stamp of certifying authority

项目六　缮制保险金融单据

📝 知识目标

熟悉国际货物运输保险的险种
熟悉保单的种类
熟悉汇票的使用程序
熟悉汇票的主要内容

📝 技能目标

掌握投保单的缮制方法
掌握保险单的缮制方法
掌握汇票的使用流程
掌握汇票的缮制方法

📝 素质目标

培养认真工作的态度
培养仔细严谨的工作习惯
遵守外贸单证员职业道德

项目六　缮制保险金融单据

任务一　缮制投保单

任务发布

专　业			课程名称	
项目六	缮制保险金融单据		工作任务一	缮制投保单
学　时			组　别	
姓　名	组长：	成员：		

任务情境

秦皇岛天远进出口有限公司（QINHUANGDAO CITY TIANYUAN IMP/EXP CO.，LTD.，FLOOR 8，NO.8 TIANTAISHAN ROAD，DEVELOPMENT ZONE，QINHUANGDAO CHINA）和毛里求斯 NE KWET PIN LTD.，×× ROYAL STREET PORT LOUIS，MAURITIUS 公司签订了出口水彩的国际货物买卖合同，秦皇岛天远进出口有限公司对外方开来的信用证审核无误后，备齐货物准备办理出口手续。在这期间，由于路途遥远，货物可能因为自然灾害、意外事故或其他原因遭受损失，为了能够在货物损失后获得赔偿，公司应该在货物运输前向保险公司投保，公司的业务人员需要能够填制投保单，有些保险公司为了方便工作，会由被保险人直接代保险公司缮制保险单，再提供发票及信用证副本等给保险公司，保险公司再进行审核、填制险别及签章。

INVOICE NO：21WHD201
INVOICE DATE：MAR 12，2021
PACKING：PACKED IN STRONG EXPORT CARTON WITH STRAPS
GROSS WEIGHT：2,789.00KGS
NET WEIGHT：2,559.00KGS
PRICE：CIF Louis USD 340/kg
信用证条款：
APPLICANT *50：QINHUANGDAO CITY TIANYUAN IMP/EXP CO.，LTD.，FLOOR 8，NO.8 TIANTAISHAN ROAD，DEVELOPMENT ZONE，QINHUANGDAO CHINA
BENIFICIARY *59：NE KWET PIN LTD.，×× ROYAL STREET PORT LOUIS，MAURITIUS
LOADING IN CHARGE 44A：Tianjin Port
FOR TRANSPORT TO...44B：Louis Port
DESCRIPT. OF GOODS 45 A：Watercolor
ITEM NO.　　　QUANTITY　　　　UNIT PRICE
1411　　　　　2,789.00KGS　　　340USD
AS PER SALES CONFIRMATION NO. 2021MCGS0
TOTAL AMOUNT：USD 12,614.00
PARTIAL SHIPMENTS：ALLOWED
TRANSSHIPMENT：ALLOWED
DOCUMENTS REQUIRED 46 A：
MARINE INSURANCE POLICY OR CERTIFICATE IN DUPLICATE，ENDORSED IN BLANK，FOR FULL INVOICE VALUE PLUS 10 PERCENT，STATING WAR RISKS，MARKED PREMIUM PAID.

续表

工作与学习目标
根据资料熟练完成投保单和保险单的缮制 准确审核投保单和保险单 归纳总结易错栏目的缮制技巧
工作任务
根据背景资料缮制投保单和保险单

知识储备

一、保险单据的含义

保险的最大诚信原则

保险公司在接受投保后签发的保险单据,是指保险人与被保险人之间订立的正式保险合同的证明,其效力随着货物安全抵达目的地即告终止。它反映了保险人与被保险人之间的权利和义务关系,当发生保险责任范围内的损失时,它是被保险人索赔的主要依据之一,也是保险人理赔的主要依据。

二、保险单据的种类

保险单据在不同的业务状况下,也会有不同的形式,主要包括以下几种。

(一)投保单

投保单又称"投保书",是指投保人向保险人申请订立保险合同的书面要约。在实际业务中,投保人提出保险要约时,均需填制投保单。其本身并不是保险合同,但保险合同成立后,是其重要组成部分。

(二)保险单

保险单俗称"大保单",是保险人与被保险人订立保险合同的正式书面证明,一般由保险公司签发。

(三)保险凭证

保险凭证俗称"小保单",是一种简式的保险合同。保险凭证与保险单具有同样的效力。近年来,随着单据要求的规范化,许多保险公司已逐步停止使用此类单据,除非信用证另有特殊规定。

（四）联合凭证

联合凭证又称承保证明，是我国保险公司特别使用的，将发票与保险相结合的形式最简单的保险单据。保险公司仅将承保险别、保险金额及保险编号加注在出口货物发票上，并正式签章作为已经保险的证据。目前仅适用于港澳中银集团银行开立的信用证，将货物运至港澳、新马地区华商的部分出口业务。

（五）预约保险单

预约保险单是被保险人与保险人之间订立的总合同。

其不具有正式的强制性法律效力，一般不能用来押汇，除非信用证另有规定，但可作为保险人出具正式保单前，证明承诺保险责任的一种临时性文件。

在实际业务中，一般仅适用于我国以 FOB 或 CFR 成交的进口货物或以 CIF 成交的出口展览品和小商品。凡属预约保单范围内的进口货物，一经启运，保险公司即凭被保险人由国外寄来的装运通知书自动承保，并签发具有法律效力的正式保险单据。

其可防止因漏保或迟保而造成的无法弥补的损失，同时订立预约保险合同一般可以享受优惠费率，免去逐笔洽谈保险条件。

（六）批单

批单是指保险公司应投保人或被保险人的要求出具的修订或更改保险合同内容的书面文件，其实质是对保险合同内容的变更，一经签发，就成为保险合同的重要组成部分，具有补充、变更原保险单内容的作用。

三、投保单的缮制要求

投保单的内容与保险单基本相似，不同的保险公司都有自己固有的保险单格式，其基本内容及缮制要点如下（样单 6-1-1）：

1. 被保险人（The Insured's Name）

以 CIF 条件对外成交时，一般为出口商。当卖方在保险单背面签章背书后，保险单即可转让。如信用证要求以进口商名称投保或指明要过户给银行，在保单上明确表明，以便保险公司按照要求制作保险单据。

2. 发票号码（Invoice No.）

按发票中的实际号码填写。

3. 标记（MARKS & NO. S）

填写商品的运输标志，应与发票、提单相一致。如果内容比较多，也可以简化，如：与＊＊＊号发票同（as per invoice No. ＊＊＊）

4. 包装及数量（Package & Quantity）

仔细认真的工作态度

填单件运输包装的件数及商品数量,如果为散装,应先注明"IN BULK",再填重量。如果是以集装箱装运,则要注明"In Container"。如果货物价格以重量计价,除了件数外,还应注明毛重或净重。

5. 保险物资项目（Description of Goods）

填商品的名称,可与发票、提单一致。不能写笼统的产品信息,而应该是具体的品名,例如大豆、玩具,而不能写粮食、百货。

6. 保险金额（Amount Insured）

应为发票金额加上投保加成后的金额,并注明币制,币制应与信用证规定相符,或与发票相符。

7. 总保险金额（Total Amount Insured）

即大写的保险金额。

8. 启运日期（Date of Commencement）

可按照实际日期或大约可填提单签发日,或填"AS PER B/L"。

9. 装载运输工具（Per Conveyance）

要与运输单据一致。可填船名航次、航班号或车次,海运方式下也可填 AS PER B/L,如果中途需要转船,已知第二程船时应打上船名,如果第二程船名未知,可以打上转船字样。

10. 起讫地点（From via To）

与运输单据中所列信息保持一致。中间如果有转运情况发生,需要填写清楚。此栏填写起运地和目的地名称。当货物经转船到达目的港时,可填写"FROM 装运港 VIA 转运港 TO 目的港"。例如：货物由上海从纽约港转运,最终抵达芝加哥,提单可打成"FROM SHANGHAI VIA NEW YORK TO CHICAGO"。

11. 提单号（B/L NO.）

直接按照提单号进行填写,如果没有提单号,可以暂时填写"AS PER B/L"。

12. 赔款偿付地点（Claim Payable at）

一般为目的地,并注明使用货币的币种。

13. 投保险别（Please Indicate the Conditions &/or Special Coverages）

本栏系保险单的核心内容,填写时应注意保险险别及文句与信用证严格一致,即使信用证中有重复语句,为了避免混乱和误解,最好按信用证规定的顺序填写。如信用证没有规定具体险别,或只规定"MARINE RISK""USUAL RISK"或"TRANSPORT RISK"等,则可投保一切险（ALL RISKS）、水渍险（WA 或 WPA）、平安险（FPA）三种基本险中的任何一种。如信用证中规定使用伦敦协会条款,包括修订前后或修订后的,可以按信用证规定承保,保单应按要求填制。投保的险别除注明险别名称外,还应注明险别适用的文本及日期。

例如：COVERING ALL RISKS AS PER OCEAN MARINE CARGO CLAUSES (1981.1.1) OF THE PICC.

按合同或信用证规定的具体险别进行选择,其中包括货物的种类、集装箱的种类,转运工具和船舶资料的情况按照实际情况进行选择。

14. 投保人签名盖章（APPLICANT'S SIGNATURE）

按照实际情况完成签字盖章。

15. 投保日期和地址

投保日期须早于运输单据，才能证明是在装运前办理的投保。

16. 费率、保费、经办人、核准人和责任人

以上各项均由保险公司进行填写。

17. 保险公司签章

经签章后保险单才能生效。

样单 6-1-1　货物运输保险投保单

PICC　中国人民保险公司
The People's Insurance Company of China
货物运输保险投保单
APPLICATION FORM FOR CARGO TRANSPORTATION INSURANCE

被保险人（1）:
Insured: _____

发票号（INVOICE NO.）（2）
（INSURANCE IS REQUIRED THE FOLLOWING COMMODITIES:）

标记（3） MARKS & NOS.	包装及数量（4） PACKAGE & QUANTITY	保险货物项目（5） DESCRIPTION OF GOODS	保险金额（6） AMOUNT INSURED

总保险金额（7）:
TOTAL AMOUNT INSURED: _____

启运日期（8）:　　　　　　　　　装载运输工具（9）:
DATE OF COMMENCEMENT _____　PER CONVEYANCE: _____

自　　　　　　　经　　　　　　　至（10）
FROM _____ VIA _____ TO _____

提单号（11）:　　　　　　　　　赔款偿付地点（12）:
B/L NO. _____ CLAIM PAYABLE AT _____

投保险别:（PLEASE INDICATE THE CONDITIONS &/OR SPECIAL COVERAGES）（13）
_____

备注:被保险人确认本保险合同条款和内容已经完全了解。投保人（签名盖章）APPLICANT'S SIGNATURE（14）
THE ASSURED CONFIRMS HEREWITH THE TERMS AND
CONDITIONS THESE INSURANCE CONTRACT FULLY
UNDERSTOOD.

投保日期:（DATE）（15）_____　　　　地址:（ADD）
　　　　　　　　　　　　　　　　　本公司自用（FOR OFFICE USE ONLY）

费率（16）RATE　　　　　　　　　保费 PREMIUM
经办人　　　　核保人　　　　负责人　　　联系电话:　　承保公司盖章（17）
　　　　　　　　　　　　　　　　　　　　　TEL　　INSURANCE COMPANY'S SIGNATURE

四、保险单的缮制要求

1. 发票号码（Invoice No.）

其需要和发票中的发票号码保持一致。

2. 保险单号次（Policy No.）

由保险公司根据业务需要给出。

3. 被保险人（Insured）

保险的抬头人，在 CIF 或 CIP 贸易条件下，投保人即卖方。当发生货损时，实际索赔的权益是买方，所以保险单以卖方为被保险人时，卖方要在保险单的背面签字盖章进行背书，以表示被保险索赔的权益转让给保险单的持有人，同时受让人则负担被保险人的义务。

（1）如果信用证规定为 "To Order"，则本栏可照填 "To Order"，受益人亦需背书。一般背书多是空白背书（Blank Endorsed）。

（2）在 FOB 或 CFR 价格条件下，在买方承担保费的前提下，若买方委托卖方代办保险，被保险人一栏填写 "××（卖方）on Behalf of ××（买方）"，并由被保险人空白背书。

（3）如果信用证要求保险单作成以 ×× 公司为抬头人，"Insurance Policy…name of Insured to be showed ABC Co.，Ltd."，被保险人栏填写 ABC Co.，Ltd.。

（4）如果信用证规定提交中性抬头（Third Party 或 in Neutral Form），填写 "To whom it may concern"。

4. 保险货物项目（Descriptions of Goods）

其是货物描述统称，须和发票保持一致。

5. 包装单位数量（Packing Unit Quantity）

总件数，要和提单要保持一致。

6. 保险金额（Amount Insured）

（1）这里填小写金额，主要是货币和阿拉伯数字。

（2）一般习惯最低按发票 CIF 或 CIP 的总值再加 10%（该 10% 称为保险加成），即按发票总金额的 110% 投保。

（3）保险金额不表示辅币，小数点以下采用向上进位方式，不管多少辅币（即使一个辅币）都进上一个货币单位。

（4）保险金额使用的货币必须是信用证所规定的货币。

7. 承保险别（Condition）

本栏是保险单的核心内容。严格与信用证规定相符，即使信用证没有规定，保险单的险别也要标出该险别适用的文本名称及其日期。"…as per Ocean Marine Cargo（All Risks）Clauses of The People's Insurance Company of China dated 1/1/1981"。

8. 货物标记（Marks of Goods）

根据发票中关于商品的情况进行填写，也可以填写 "As per invoice No."

9. 总保险金额（Total Amount Insured）

填写大写金额。

10. 保费（Premium）

保险单在印刷时已在本栏印妥 "As Arranged"（按约定），故每笔保费及费率可以不具体表示。如信用证要求标明保险费及费率时,则应填上具体保险费额及费率。若信用证规定:"Insurance policy or certificate for full invoice value plus 10% marked premium paid",则应将印就的"AS ARRANGED"划掉,加盖核对章后打上"PAID"字样。

11. 运输工具(Per conveyance S. S)

根据信用证要求和实际情况填写。

(1)如为海运(By sea, By steamer, By vessel per S. S.),则在本栏可填具体船名及航次。如本栏可填"S. S. EASTWIND VOY. NO. 009A",即"东风轮第009A航次"。

(2)如中途将转船,而第二程船名已明确,亦应同时表示出来。如第一程船名为EASTWIND,第二程船名为VICTORY,则表示为"S. S. EASTWIND/VICTORY"。

(3)如为陆运,则表示为"By train, wagon No. ×××;By truck"。

(4)如为空运,则表示为"By air"或"By airplane"。

(5)如为邮包寄送,则表示为"By parcel post"。

(6)如陆空陆联运,即先装火车,然后空运,最后以汽车转到最终目的地(即T/A/T方式),则表示为"by train/air/truck"。

国际贸易运输主要是海运方式,所以保险单据名称为"海洋货物运输保险单"。如果陆运、空运等其他运输方式的货物保险也使用本保险单,要在保险单背面另附贴陆上运输货物保险条款或航空运输货物保险条款。

国际贸易中许多买方并不一定在港口,虽然贸易条件是某港交货,卖方只负责货运至某港口,如果保险只保到港口,则从港口至内陆运输阶段发生货损,买方就无法得到补偿。尤其许多情况的货损在港口不易发现,只能在内陆收到货物后才能发现。所以货物最终目的地不在港口者,买方为了切身利益不受损失,一般都在信用证条款中要求保险投保到最终内陆目的地,尤其无港口的内陆国家。如果信用证条款要求投保到最终目的地时,本栏除了填与提单、发票一致的港口名称外,还要加注最后至某内陆目的地。如"From Dalian to Liverpool and hence to Birmingham"。

12. 开航日期(Slg. On or abt)

根据信用证要求和实际情况填写。实际业务中,如在缮制保险单时,而提单尚未签发,保险单虽然允许表示大约开航日期,但最好还是在本栏暂时留空,待提单签发后再填真实日期则比较妥当。

13. 起讫地点(From…To…)

起讫地点应与提单所记载一致,而且符合信用证要求。如果货物将在中途转船,而且前面已经表示了一程、二程船名,则起讫地点应表示从……装……轮在……转装……轮至……。

如从大连装EASTWIND轮在香港转装VICTORY轮至鹿特丹,可填为"From Dalian to Hongkong per S. S. EASTWIND, and then transshipped per S. S. VICTORY to Rotterdam"。如果第二程船名在当时无法明确,可填为"From Dalian to Rotterdam with transshipped at Hongkong"。如转运地也不明确,仅表示"with transshipment"也可以。

14. 保险单份数

一套保险单的正本,保险公司一般印制三份,三份都有"Original"的字样。但在保险单正本的本栏各标明"第一正本"(The First Original)、"第二正本"(The Second Original)和"第三正本"(The Third Original)加以区别。

15. 赔款偿付地点及日期（Claim payable at…）

按信用证规定填写。若没有规定，一般填写目的港所在地。若来证规定两个或两个以上赔付地，应全部填写。若来证规定一旦发生损失，赔款给××公司（Loss if any pay to ×× Co.），应在赔付地点后加注"pay to ×× Co."。保险单签发日期是保险公司责任开始日期，所以不得晚于运输单据所记载的装运日期。保险单签发地点即办理投保所在的地点。一般保险公司在印制保险单时即事先印妥。

16. 保险公司签章

保险单只有经保险公司或其代表签章后才生效。

以下为海洋货物运输保险单（样单6–1–2）。

样单6–1–2 海洋货物运输保险单

PICC 中国人民保险公司
The People's Insurance Company of China

发票号码（1）　　　　　　　　　　　　　　　　保险单号次（2）
Invoice No.　　　　　　　　　　　　　　　　　Policy No.

海 洋 货 物 运 输 保 险 单
MARINE CARGO TRANSPORTATION INSURANCE POLICY

被保险人（3）
Insured:

中保财产保险有限公司（以下简称本公司）根据被保险人的要求，及其所缴付约定的保险费，按照本保险单承担的险别和背面所载条款与下列特别条款承保下列货物运输保险，特签发本保险单。

This policy of Insurance witnesses that The People's Insurance (Property) Company of China, Ltd. (hereinafter called "The Company"), at the request of the Insured and consideration of the premium paid by the Insures, undertakes to insure the under – mentioned goods in transportation subject to the condition of this Policy as per the Clauses printed overleaf and other special clauses attached hereon.

保险货物项目（4） Descriptions of Goods	包装 Packing	单位 Unit	数量（5） Quantity	保险金额（6） Amount Insured

承保险别（7）　　　　　　　　　　　　　　　　货物标记（8）
Condition　　　　　　　　　　　　　　　　　　 Marks of Goods
总保险金额（9）：
Total Amount Insured：

保费（10）　　　　　　运输工具（11）　　　　　　开航日期（12）：
Premium　　As Arranged　　Per conveyance S. S　　Slg. On or abt

起运港（13）　　　　　　　　　　　　　　　　目的港
From　　　　　　　　　　　　　　　　　　　　To

所保货物，如发生本保险单项下可能引起索赔的损失或损坏，应立即通知本公司下述代理人查勘。如有索赔，应向本公司提交保险单正本（本保险单共有 2 份正本）及有关文件。如一份正本已用于索赔，其余正本则自动失效。（14）

In the event of loss or damage which may result in a claim under this Policy, immediate notice must be given to the Company's Agent as mentioned hereunder. Claims, if any, one of the Original Policy which has been issued in TWO Original（s）together with the relevant documents shall be surrendered to the Company. If one of the Original Policy has been accomplished, the others to be void.

THE PEOPLE'S INSURANCE（PROPERTY）COMPANY OF CHINA，LTD. MONTREAL BRANCH
　　　　　　　　　　　　　　中国人民保险公司
　　　　　　　　THE PEOPLE'S INSURANCE COMPANY OF CHINA，LTD.

赔款偿付地点（15）
Claim payable at

日期　　　　　　　　　　　　在
Date　　　　　　　　　　　　at　　　　　General Manager（16）：

地址：
Address：

五、保单缮制中应注意的问题

（1）保险险别和保险金额要与来证的规定相符。保险单上的运输标志、包装及数量、货名、船名、开航日期、装运港和目的港等项内容应与提单一致。如果出现以下情况，需要修改信用证。

①信用证中所列的目的地范围比较广，保险人无法控制保险责任期限时，应要求修改信用证，要求开证人具体列明目的港口或城市。

②信用证表明不接受我保险公司委托的代理人，一般也应改证。

③信用证中要求赔偿地点笼统为国外时，应要求对方修改信用证。

（2）保险单的签发日期应早于运输单据的日期。通常情况下，保险单的签发日期就是保险责任的生效日期。如果这一日期晚于运输单据上货物装船、发运或监管的日期，即货物已装船、发运或接受监管，保险还未生效，那么在此期间发生的货物的损害或灭失将不在保险时段内，被保险人将无法获得赔偿。

任务实施

任务实施步骤
1. 查阅并审核背景资料 2. 根据背景材料缮制投保单和保险单（样单6-1-3和6-1-4） 3. 自我审核 4. 小组成员交换审核
任务实施过程纪要

样单6-1-3 出口货物运输保险投保单

PICC 中国人民保险公司
The People's Insurance Company of China
货物运输保险投保单
APPLICATION FORM FOR CARGO TRANSPORTATION INSURANCE

被保险人（1）：
Insured：_____

发票号（INVOICE NO.）（2）
(INSURANCE IS REQUIRED THE FOLLOWING COMMODITIES：)

标记（3） MARKS & NOS.	包装及数量（4） PACKAGE & QUANTITY	保险货物项目（5） DESCRIPTION OF GOODS	保险金额（6） AMOUNT INSURED

总保险金额（7）：
TOTAL AMOUNT INSURED：_____

启运日期（8）：   装载运输工具（9）：
DATE OF COMMENCEMENT _____ PER CONVEYANCE：_____

自   经   至（10）
FROM _____ VIA _____ TO _____

提单号（11）：   赔款偿付地点（12）：
B/L NO. _____ CLAIM PAYABLE AT _____

投保险别：（PLEASE INDICATE THE CONDITIONS &/OR SPECIAL COVERAGES）（13）

备注：被保险人确认本保险合同条款和内容已经完全了解。 投保人（签名盖章）APPLICANT'S SIGNATURE（14）
THE ASSURED CONFIRMS HEREWITH THE TERMS AND
CONDITIONS THESE INSURANCE CONTRACT FULLY
UNDERSTOOD。

投保日期：（DATE）（15）_____   地址：（ADD）
                                              本公司自用（FOR OFFICE USE ONLY）

费率（16）RATE   保费 PREMIUM
经办人   核保人   负责人   联系电话：   承保公司盖章（17）
                                    TEL   INSURANCE COMPANY'S SIGNATURE

样单 6-1-4　海洋货物运输保险单

PICC　中国人民保险公司
The People's Insurance Company of China

发票号码　　　　　　　　　　　　　　　　　　　　　　　　保险单号次
Invoice No.　　　　　　　　　　　　　　　　　　　　　　　Policy No.

海 洋 货 物 运 输 保 险 单
MARINE CARGO TRANSPORTATION INSURANCE POLICY

被保险人
Insured：

中保财产保险有限公司（以下简称本公司）根据被保险人的要求，及其所缴付约定的保险费，按照本保险单承担的险别和背面所载条款与下列特别条款承保下列货物运输保险，特签发本保险单。

This policy of Insurance witnesses that The People's Insurance (Property) Company of China, Ltd. (hereinafter called "The Company"), at the request of the Insured and consideration of the premium paid by the Insures, undertakes to insure the under-mentioned goods in transportation subject to the condition of this Policy as per the Clauses printed overleaf and other special clauses attached hereon.

保险货物项目 Descriptions of Goods	包装 Packing	单位 Unit	数量 Quantity	保险金额 Amount Insured

承保险别　　　　　　　　　　　　　　　　　　　　　　　　货物标记
Condition　　　　　　　　　　　　　　　　　　　　　　　　Marks of Goods

总 保 险 金 额：
Total Amount Insured：

保费　　　　　　　　　　　　运输工具　　　　　　　　　　　开航日期
Premium　　As Arranged　　　Per conveyance S. S　　　　　　Slg. On or abt

起运港　　　　　　　　　　　　　　　　　目的港
From　　　　　　　　　　　　　　　　　　To

所保货物，如发生本保险单项下可能引起索赔的损失或损坏，应立即通知本公司下述代理人查勘。如有索赔，应向本公司提交保险单正本（本保险单共有 2 份正本）及有关文件。如一份正本已用于索赔，其余正本则自动失效。

In the event of loss or damage which may result in a claim under this Policy, immediate notice must be given to the Company's Agent as mentioned hereunder. Claims, if any, one of the Original Policy which has been issued in TWO Original (s) together with the relevant documents shall be surrendered to the Company. If one of the Original Policy has been accomplished, the others to be void.

THE PEOPLE'S INSURANCE (PROPERTY) COMPANY OF CHINA, LTD. MONTREAL BRANCH
中国人民保险公司
THE PEOPLE'S INSURANCE COMPANY OF CHINA, LTD.

赔款偿付地点
Claim payable at

日期　　　　　　　　　　　　　　在
Date　　　　　　　　　　　　　　at　　　　　　　　　　　　General Manager：

地址：
Address：

任务实施评价

序号	评价内容	得分			综合得分
		自评（40%）	组评（30%）	师评（30%）	
1	投保单和保险单缮制规范掌握情况（10分）				
2	投保单和保险单缮制（60分）				
3	填写票据审核（20分）				
4	小组协作（10分）				
	合计				

任务总结

投保单和保险单缮制要点

在本任务的实施过程中遇到了哪些问题？是如何解决的？

拓展训练

训练 1

业务资料：秦皇岛天远进出口有限公司和澳大利亚 OBJECTIVE LEARNING MATERIALS 公司签订了出口三角板的国际货物买卖合同，秦皇岛天远进出口有限公司对外方开来的信用证审核无误后，备齐货物准备办理出口手续。缮制保险单据——投保单和保险单（样单6-1-5和6-1-6）。资料补充如下：

参考2-1-1的合同
INVOICE NO：13WHD206
INVOICE DATE：JULY26，2022
PACKING：PACKED IN STRONG EXPORT CARTON
GROSS WEIGHT：375.00KGS
NET WEIGHT：310.00KGS

样单 6-1-5 货物运输保险投保单

PICC 中国人民保险公司
The People's Insurance Company of China

货物运输保险投保单
APPLICATION FORM FOR CARGO TRANSPORTATION INSURANCE

被保险人（1）：
Insured: _____

发票号（INVOICE NO.）（2）
（INSURANCE IS REQUIRED THE FOLLOWING COMMODITIES：）

标记（3） MARKS & NOS.	包装及数量（4） PACKAGE & QUANTITY	保险货物项目（5） DESCRIPTION OF GOODS	保险金额（6） AMOUNT INSURED

总保险金额（7）：
TOTAL AMOUNT INSURED：_____

启运日期（8）：   装载运输工具（9）：
DATE OF COMMENCEMENT _____ PER CONVEYANCE：_____

自   经   至（10）
FROM _____ VIA _____ TO _____

提单号（11）：   赔款偿付地点（12）：
B/L NO. _____   CLAIM PAYABLE AT _____

投保险别：（PLEASE INDICATE THE CONDITIONS &/OR SPECIAL COVERAGES）（13）
_____

备注：被保险人确认本保险合同条款和内容已经完全了解。 投保人（签名盖章）APPLICANT'S SIGNATURE（14）
THE ASSURED CONFIRMS HEREWITH THE TERMS AND
CONDITIONS THESE INSURANCE CONTRACT FULLY
UNDERSTOOD.

投保日期：（DATE）（15）_____   地址：（ADD）
                                              本公司自用（FOR OFFICE USE ONLY）

费率（16）RATE   保费 PREMIUM

经办人   核保人   负责人   联系电话：   承保公司盖章（17）
                                               TEL   INSURANCE COMPANY'S SIGNATURE

样单 6-1-6 海洋货物运输保险单

PICC 中国人民保险公司
The People's Insurance Company of China

发票号码
Invoice No.

保险单号次
Policy No.

海洋货物运输保险单
MARINE CARGO TRANSPORTATION INSURANCE POLICY

被保险人
Insured:

中保财产保险有限公司（以下简称本公司）根据被保险人的要求，及其所缴付约定的保险费，按照本保险单承担的险别和背面所载条款与下列特别条款承保下列货物运输保险，特签发本保险单。

This policy of Insurance witnesses that The People's Insurance (Property) Company of China, Ltd. (hereinafter called "The Company"), at the request of the Insured and consideration of the premium paid by the Insures, undertakes to insure the under-mentioned goods in transportation subject to the condition of this Policy as per the Clauses printed overleaf and other special clauses attached hereon.

保险货物项目 Descriptions of Goods	包装 Packing	单位 Unit	数量 Quantity	保险金额 Amount Insured

承保险别
Condition

货物标记
Marks of Goods

总保险金额:
Total Amount Insured:

保费 Premium ___ As Arranged ___ 运输工具 Per conveyance S. S ___ 开航日期 Slg. On or abt ___

起运港 From ___ 目的港 To ___

所保货物，如发生本保险单项下可能引起索赔的损失或损坏，应立即通知本公司下述代理人查勘。如有索赔，应向本公司提交保险单正本（本保险单共有 2 份正本）及有关文件。如一份正本已用于索赔，其余正本则自动失效。

In the event of loss or damage which may result in a claim under this Policy, immediate notice must be given to the Company's Agent as mentioned hereunder. Claims, if any, one of the Original Policy which has been issued in TWO Original (s) together with the relevant documents shall be surrendered to the Company. If one of the Original Policy has been accomplished, the others to be void.

THE PEOPLE'S INSURANCE (PROPERTY) COMPANY OF CHINA, LTD. MONTREAL BRANCH
中国人民保险公司
THE PEOPLE'S INSURANCE COMPANY OF CHINA, LTD.

赔款偿付地点
Claim payable at ___

日期 Date ___ 在 at ___ General Manager:

地址
Address:

任务二　缮制汇票

任务发布

专　业		课程名称	
项目六	缮制保险金融单据	工作任务二	缮制汇票
学　时		组　别	
姓　名	组长：　　　　成员：		
任务情境			
秦皇岛天远进出口有限公司（QINHUANGDAO CITY TIANYUAN IMP/EXP CO.，LTD.，FLOOR 8，NO. 8 TIANTAISHAN ROAD，DEVELOPMENT ZONE，QINHUANGDAO CHINA）和毛里求斯 NE KWET PIN LTD.，×× ROYAL STREET PORT LOUIS，MAURITIUS 公司签订了出口水彩的国际货物买卖合同，秦皇岛天远进出口有限公司对外方开来的信用证审核无误后，备齐货物并发运。缮制出口结汇单据——汇票。 INVOICE NO：21WHD201 INVOICE DATE：MAR 12，2021 PACKING：PACKED IN STRONG EXPORT CARTON WITH STRAPS GROSS WEIGHT：2,789.00KGS NET WEIGHT：2,559.00KGS			
工作与学习目标			
熟知汇票的内容及缮制规范 根据资料熟练完成汇票的缮制 准确审核汇票 归纳总结易错栏目的缮制技巧			
工作任务			
根据背景资料缮制汇票			

 知识储备

一、汇票的含义

汇票（Bill of Exchange）是商业信用流通工具的一种，是一人（即出票人）签发给另一人（即受票人），要求后者即期、定期或在可以确定的将来时期，对某人或其指定人或持票人支付一定金额的无条件的书面支付命令。汇票一般写明受票人的名称、支付货币种类的名称、支付金额、支付期限、支付地点等信息，由持票人持以请求受票人办理承兑手续。受票人则对汇票承担按汇票金额付款的责任。如果汇票上的出票人、受票人和受款人所在地位于两个不同国家时，这种汇票为国际汇票。汇票在国际贸易的结算业务中普遍使用。采用托收方式结算货款，汇票是必需的单据。如果是远期凭单付款或承兑交单的托收方式，必须使用买方承兑汇票。承兑后的汇票，称为商业承兑汇票，到期凭以向买方收款。采用信用证结算方式，卖方向买方或开证行开出商业汇票，向开证行收款。如为即期汇票，开证行见票即付款。如为远期汇票，银行先予以承兑，即为银行承兑汇票。卖方凭此到期向开证行收款，或在到期前将此汇票在金融市场上贴现取得现款。

二、汇票的当事人

（一）出票时的当事人

出票时，作为汇票必要项目的三个当事人是出票人、付款人和收款人。他们是汇票未进入流通领域以前的基本当事人。

1. 出票人（Drawer）

出票人是开立汇票、签发和交付汇票的人。出票人在承兑前是主债务人，承兑后是从债务人。出票人对汇票付款承担的责任是保证汇票将按其文义被承兑和付款，并保证如果汇票遭到退票，出票人将偿付票款给持票人或被迫付款的任何背书人。

2. 付款人（Drawee）

付款人是接受汇票之人，又称为受票人，是接受支付命令的人。通常按其职能称为付款人。但是其未在汇票上签名之前，不是汇票债务人，不承担汇票付款的责任。付款人承兑远期汇票并签名后成为承兑人（Acceptor）。

3. 收款人（Payee）

收款人是收取票款之人，他是第一持票人。出票人开出汇票，立即交给收款人，他第一个持有汇票，从而产生对于汇票的权利，故收款人是主债权人，他所持有的汇票，是一项债权凭证，他可凭票取款，也可背书转让他人。

（二）汇票进入流通领域后的当事人

1. 背书人（Indorser）

背书人是指收款人不凭票取款，而以背书交付的方法转让汇票，卖给他人。收款人背书后成为第一背书人，以后汇票继续转让，还有第二、第三……背书人。背书人是汇票的债务人，对于汇票付款承担的责任是："保证汇票凭正式提示，即将按其文义被承兑和付款，并保证如果汇票遭到退票，他将偿付票款给持票人或被迫付款的后手背书人"。

2. 被背书人（Indorsee）

被背书人是汇票背书给其他的人，也即接受背书之人。当他受让汇票如再转让时，他就成为另一个背书人。如果他不转让，则将持有汇票，他就成为第二持票人，所以被背书人是汇票的债权人，最后被背书人必须是持票人。

3. 参加承兑人（Acceptor for Honour）

当票据提示遭到拒绝承兑或无法获得承兑时，由一个第三者参加承兑汇票，签名于票据上,他就成为参加承兑人,也是汇票债务人。当票据到期,付款人拒不付款时,参加承兑人负责支付票款。

4. 保证人(Guarantor)

保证人是由一个第三人对于出票人、背书人、承兑人或参加承兑人作出保证行为的人,经过保证签字的人就是保证人。保证人与被保证人负担相同责任。

5. 持票人(Holder)

持票人指收款人或被背书人或来票人,即现在正在持有汇票者。汇票持票人即收款人、被背书人、来票人等是债权人,对于汇票享有充分的权利。承兑人、出票人、背书人等是债务人,对于汇票付款承担责任。

三、汇票的票据行为

(一)出票(Issue)

开立汇票包括两个动作,一个是写成汇票并在汇票上签字(To Draw a Draft and to Sign it);另一个是将汇票交付收款人(To Deliver a Draft to the Payee)。这样就创设了汇票的债权,收款人持有汇票就拥有债权。交付(Delivery)是指实际的或推定的从一个人的拥有,转移至另一个人拥有的行为。汇票的出票、背书、承兑票据行为在交付前都是不生效的和可以撤销的。只有将汇票交付给他人后,出票、背书、承兑行为才开始生效,并且是不可撤销的。

(二)背书(Indorsement)

背书是指汇票背面的签字。即使不加文字说明,也可称为背书。持票人是收款人或被背书人时,要把票据权利转让给别人,必须在票据背面签字并经交付,则汇票权利即由背书人转移至被背书人。只有持票人,即收款人或被背书人才有权背书汇票。背书包括两个动作,一个是在汇票背面签字,另一个是交付给被背书人,只有经过交付,才算完成背书行为,使其背书有效和不可撤销。

(三)提示(Presentment)

持票人将汇票提交付款人要求承兑或付款的行为叫作提示。票据是一种权利凭证,要实现权利,必须向付款人提示票据,以便要求实现票据权利。

(四)承兑(Acceptance)

承兑的意思是指远期汇票的付款人,以其签名表示同意按照出票人命令而付款的票据行为。付款人承兑汇票后成为承兑人,他的签名表明他已承诺付款责任,愿意按照承兑文义保证付款。他不得以出票人的签字是伪造的、背书人无行为能力等理由来否认汇票的效力。承兑有两个动作:第一写明"ACCEPTED"字样并签字;第二将已承兑汇票交付持票人。这样承兑就是有效且不可撤销的。国际银行的业务习惯是,由承兑行发出承兑通知书给持票人,来代替交付已承兑汇票给持票人。

(五)付款(Payment)

即期汇票提示日即为付款到期日,见票后若干天付款的远期汇票从承兑日推算到期日。持票人在到期日提示汇票,经付款人或承兑人付款以后,汇票即被解除责任。

(六) 贴现（Discount）

银行买入未到期的远期汇票（债券），从票面金额中扣除从贴现日至到期日按市场贴现利率计算的利息后，将余额以现金付给申请贴现人的一种融资形式。贴现是国际贸易融资的一种基本方式，现在已发展成为一种以票据为中心的最便利的融资方式。

四、汇票的缮制要求

通常情况下，结汇业务中需要使用汇票。汇票是一种具有法律效力的付款工具，可以作为结汇的凭证，确保出口商能够及时收到货款，同时也能够保障进口商的权益。因此，在外贸结汇业务中，汇票内容的填制要规范、准确。具体填制内容如下：

1. 汇票编号（No.）

汇票编号是汇票的唯一标识符号，通常由出票人自行编制。往往采用发票号作为汇票编号，说明该汇票是对应发票项下的汇票。

2. 汇票金额（Exchange for）

填写币种及小写金额。例如："USD60,000.00"。

3. 出票日期（Date）

填写出票当天的日期。通常以议付日期作为汇票的出票日期，可以委托议付行在办理议付时代填日期。信用证支付方式下，汇票的出票日期不得超过信用证规定的有效期和交单期限。

4. 付款期限

根据货物买卖双方签订的贸易合同中所规定的付款期限填写。如果是即期付款，填写"At Sight"。如果是远期付款，填写"At ××× Days After Sight"。

5. 受款人

采用信用证支付时，通常填写出口地银行。例如："Pay to the Order of BANK OF CHINA BEIJING BRANCH"。

6. 汇票大写金额

在"The sum of"后按小写金额使用英文大写数字填写，大写金额前注明货币全称的复数形式，也可以在货币名称前加"SAY"，句末以"ONLY"结尾。

7. 出票根据（DRAWN UNDER）

这一栏内要求填写开证银行的名称和地址。此栏中的名称应填写全称，除非信用证内汇票条款中允许写开证行的缩写。

但在特殊情况下，为了某种原因如开证行有保护自己或为避免国家管制的缘故，而在此栏中填上另一家银行的名称和地址，一般情况下，出口公司会接受这一要求，按照信用证中规定的银行名称和地址正确填写此栏目。

8. 付款人（Payer）

此栏应根据信用证汇票条款中所规定的付款人填写，可能是开证行，也可能是开证申请人或另外的一家公司，如信用证规定：DRAFT DRAWN ON APPLICANT，则此栏填信用证中开证申请人的名称和地址。

又如来证要求：DRAFT ON US，首先应明确这里的 US 是指开证行，于是应把开证行的名称和地址填在此栏中。

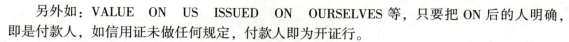

另外如:VALUE ON US ISSUED ON OURSELVES 等,只要把 ON 后的人明确,即是付款人,如信用证未做任何规定,付款人即为开证行。

9. 出票人（DRAWER）

出票人即签发汇票的人。虽然汇票上没有出票人栏,但习惯上在右下角空白处盖上出票人全称印章和其负责人手签印章。与付款人相对应,出票人即出具汇票的人,一般为出口公司。

任务实施

任务实施步骤
1. 查阅并审核背景资料 2. 根据背景材料缮制汇票（附表6-2-1） 3. 自我审核 4. 小组成员交换审核
任务实施过程纪要

附表 6–2–1　汇票

No. ....

Exchange for _____　　Date............

　　　　At................................. sight of this Second of Exchange (First of the same tenor and date unpaid), pay to the Order of ....

the sum of _____

Drawn under ....

....

To ....

任务实施评价

序号	评价内容	得分			综合得分
		自评（40%）	组评（30%）	师评（30%）	
1	汇票缮制规范掌握情况（10分）				
2	汇票缮制（60分）				
3	汇票审核（20分）				
4	小组协作（10分）				
	合计				

任务总结

汇票缮制要点

在本任务的实施过程中遇到了哪些问题？是如何解决的？

拓展训练

训练 1

业务资料：

秦皇岛天远进出口有限公司和澳大利亚 OBJECTIVE LEARNING MATERIALS 公司签订了出口三角板的国际货物买卖合同，秦皇岛天远进出口有限公司对外方开来的信用证审核无误后，备齐货物准备办理出口手续。缮制出口单据——汇票。资料补充如下：

参考 2-1-1 的合同

INVOICE NO：13WHD206

INVOICE DATE：JULY 26，2022

PACKING：PACKED IN STRONG EXPORT CARTON

GROSS WEIGHT：375.00KGS

NET WEIGHT：310.00KGS

No. ....

Exchange for

Tianjin, ...

　　　　　At .... sight of this Second of Exchange (First of the same tenor and date unpaid), pay to the Order of ....

the sum of

Drawn under ....

To ....

项目七　综合实训

知识目标

熟悉外贸单据种类
熟悉外贸单据内容
熟悉外贸单据填写规范

技能目标

能够熟练设计外贸单据格式
能够熟练缮制外贸单据
能够熟练审核外贸单据

素质目标

培养遵纪守法的意识
培养爱岗敬业、诚实守信的职业素养
培养守护国门安全的责任感
培养维护国家利益的使命感

任务发布

专 业		课程名称	
项目七	综合实训	工作任务	综合实训
学 时		组 别	
姓 名	组长： 成员：		
任务情境			

秦皇岛天远进出口有限公司（QINHUANGDAO CITY TIANYUAN IMP/EXP CO.，LTD.，FLOOR 8，NO. 8 TIANTAISHAN ROAD，DEVELOPMENT ZONE，QINHUANGDAO CHINA）和美国洛杉矶的 NEW WORLD INTERNATIONAL CO.，LTD. 签订了出口 500 台洗衣机的国际货物买卖合同。天远公司收到信用证审核无误，现已备齐货物准备办理出口手续。

每台　Measurement（尺寸）：770×555×615MM
　　　　Gross Weight：36.5 KGS　　Net Weight：35.0 KGS
包装规格：a Set in a Carton；250 Sets per 40'Container
货物集装箱号——BSKU90134592/07062、BSKU 90134593/07066
托运单、提单号：CHL00-326　　发票号：HC-04075　　航次为 Z0810K，船名"ZHONGSHAN"
运费总额：USD 12,500.00　　货物总体积：289.5M^3

工作与学习目标

能够读懂信用证条款
熟练缮制国际贸易业务中的主要单据
归纳总结易错栏目的缮制技巧

工作任务

请根据合同、信用证和背景资料缮制商业发票、装箱单、保险单、提单、原产地证书、报检单、报关单、汇票

销 售 合 同

卖方　秦皇岛天远进出口有限公司　　　　　　　　合同号 NO TY2201
Seller：QINHUANGDAO CITY TIANYUAN IMP/EXP CO.，LTD.　日期 DATE：MAY. 12，2022
Address：FLOOR 8，NO. 8 TIANTAISHAN ROAD，DEVELOPMENT ZONE，QINHUANGDAO CHINA
Tel： （86）22－21631178　　　　　　　　　　　　　Fax：（86）22－21631168
买方
Buyer：NEW WORLD INTERNATIONAL CO.，LTD.
Address：#222 HAYWARD WAY, LOS ANGELES, U.S.A.
Tel： （+011）2675　　　　　　　　　　　　　　　　Fax：（+011）2674
兹经买卖双方同意成交下列商品，订立条款如下：

货物名称及规格 NAME OF COMMODITY AND SPECIFICATION	数 量 QUANTITY	单价 UNIT PRICE	金额 AMOUNT
WASHING MACHINE	500 SETS	USD350.00/SET CIF LOS ANGELES	USD 175,000.00

总值
TOTAL VALUE：SAY US DOLLARS ONE HUNDRED AND SEVENTY－FIVE THOUSAND ONLY
装运
SHIPMENT：TO BE EFFECTED NOT LATER THAN JUNE 30，2022 FROM QINHUANGDAO，CHINA TO LOS ANGELES PORT，U.S.A. WITH PARTIAL SHIPMENT AND TRANSSHINPMENT ALLOWED
付款条件
PAYMENT：BY IRREVOCABLE CREDIT FOR FULL INVOICE VALUE，NEGOTIABLE IN QINHUANGDAO
　　　　　UNTIL THE 15TH DAY AFTER DATE OF SHIPMENT
包装
PACKING：PACKED ONE SET TO A CARTON，EACH 250 CARTONS TO A 40'CONTAINER
唛头
MARKS & NOS：　　　NWI
　　　　　　　　　　TY2201
　　　　　　　　　LOS ANGELES
　　　　　　　　　　NO 1－500
保险
INSURANCE：TO BE COVERED BY THE SELLER FOR 110% OF INVOICE VALUE AGAINST ALL RISKS AND WAR RISKS

FROM：THE CITY BANK OF U.S.A.
325 EAST STREET, LOS ANGELES, U.S.A.
TELEX NO：5763591

TO: BANK OF CHINA QINHUANGDAO BRANCH

123 JIEFANG BEILU, QINHUANGDAO, CHINA

IRREVOCABLE DOCUMENTARY CREDIT NO.　LAB002022739

DATE OF ISSUE: 18 – 5 – 2022

EXPIRY DATE AND PLACE: AUG. 3, 2022 IN CHINA

APPLICANT: NEW WORLD INTERNATIONAL CO., LTD.

#222 HAYWARD WAY, LOS ANGELES, U.S.A.

BENEFICIARY: QINHUANGDAO CITY TIANYUAN IMP/EXP CO LTD, FLOOR 8, NO. 8 TIANTAISHAN ROAD, DEVELOPMENT ZONE, QINHUANGDAO CHINA

AMOUNT: US $175,000.00 (SAY US DOLLARS ONE HUNDRED AND SEVENTY – FIVE THOUSAND ONLY.)

AVAILABLE WITH: ANY BANK

BY: NEGOTIATION OF BENEFICIARY'S DRAFT (S) AT SIGHT DRAWN ON US ACCOMPANIED BY THE FOLLOWING DOCUMENTS:

SIGNED COMMERCIAL INVOICE IN 2 COPIES

PACKING LIST IN 2 COPIES SHOWING THE INDIVIDUAL WEIGHT AND MEASUREMENT OF EACH PACKAGE

ORIGINAL CERTIFICATE OF ORIGIN IN 2 COPIES ISSUED BY THE CHAMBER OF COMMERCE

FULL SET CLEAN ON BOARD OCEAN BILLS OF LADING SHOWING FREIGHT PREPAID CONSIGNED TO ORDER OF THE CITY BANK OF U.S.A. NOTIFY APPLICANT.

INSURANCE POLICY OR CERTIFICATE FOR 110% OF INVOICE VALUE COVERING ALL RISKS AND WAR RISKS AS PER AND SUBJECT TO OCEAN MARINE CARGO CLAUSES AND OCEAN MARINE CARGO WAR RISKS CLAUSES OF THE PEOPLE'S INSURANCE COMPANY OF CHINA DATED 1/1/1981.

BENEFICIARY'S CERTIFICATE CERTIFYING THAT EACH COPY OF SHIPPING DOCUMENTS HAS BEEN FAXED TO THE APPLICANT WITHIN 48 HOURS AFTER SHIPMENT

PARTIAL SHIPMENTS: PERMITTED

TRANSSHIPMENTS: PERMITTED

SHIPMENT FROM: QINHUANGDAO, CHINA

TO: LOS ANGELES PORT, U.S.A.

NOT LATER THAN: JUNE 30, 2022

COVERING SHIPMENT OF: 500 SETS OF WASHING MACHINE SETS

DOCUMENTS MUST BE PRESENTED WITHIN 15 DAYS AFTER SHIPMENT, BUT WITHIN VALIDITY OF THE LETTER OF CREDIT.

SPECIAL INSTRUCTIONS:

ALL BANKING CHARGES OUTSIDE U.S.A. ARE FOR ACCOUNT OF BENEFICIARY

ALL GOODS MUST BE SHIPPED IN FOUR 40″ CY TO CY CONTAINER AND B/L SHOWING THE SAME

THE VALUE OF FREIGHT REPAID HAS TO BE SHOWN ON BILLS OF LADING

DRAFT MUST BE MARKED AS BEING DRAWN UNDER THIS CREDIT AND BEAR ITS NUMBER

WE HEREBY AGREE WITH THE DRAWERS ENDORSERS AND BONAFIDE HOLDER THAT ALL DRAFTS DRAWN UNDER AND IN COMPLIANCE WITH THE TERMS OF THIS CREDIT SHALL BE DULY HONORED UPON PRESENTATION

THIS CREDIT IS SUBJECT TO THE UNIFORM CUSTOMS AND PRACTICE FOR DOCUMENTARY CREDITS 2007 REVISION BY THE INTERNATIONAL CHAMBER OF COMMERCE PUBLICATION NO 600

任务实施

任务实施步骤
1. 查阅并审核背景资料 2. 根据背景材料缮制商业发票、装箱单、原产地证书、保险单、提单、报关单、报检单、汇票 3. 自我审核 4. 小组成员交换审核
任务实施过程纪要

Issuer	COMMERCIAL INVOICE	
To		
	No.	Date
Transport details	S/C No.	L/C No.
	Terms of payment	
Marks and numbers	Number and kind of packages Description of goods	Quantity	Unit price	Amount

Issuer		PACKING LIST	
To		Invoice No.	
		Invoice Date	
		S/C No.	

Marks and Numbers	Description of Goods	Quantity	Package	G. W	N. W	Meas.
TOTAL						

PICC 中国人民保险公司
The People's Insurance Company of China

发票号码（1）　　　　　　　　　　　　　　　　　　　保险单号次（2）
Invoice No.　　　　　　　　　　　　　　　　　　　　Policy No.

海 洋 货 物 运 输 保 险 单
MARINE CARGO TRANSPORTATION INSURANCE POLICY

被保险人（3）
Insured：

中保财产保险有限公司（以下简称本公司）根据被保险人的要求，及其所缴付约定的保险费，按照本保险单承担的险别和背面所载条款与下列特别条款承保下列货物运输保险，特签发本保险单。

This policy of Insurance witnesses that The People's Insurance (Property) Company of China, Ltd. (hereinafter called "The Company"), at the request of the Insured and consideration of the premium paid by the Insures, undertakes to insure the under–mentioned goods in transportation subject to the condition of this Policy as per the Clauses printed overleaf and other special clauses attached hereon.

保险货物项目（4） Descriptions of Goods	包装 Packing	单位 Unit	数量（5） Quantity	保险金额（6） Amount Insured

承保险别（7）　　　　　　　　　　　　　　　　　　　货物标记（8）
Condition　　　　　　　　　　　　　　　　　　　　　Marks of Goods

总 保 险 金 额（9）：
Total Amount Insured：

保费（10）　　　　　　　　运输工具（11）　　　　　　　开航日期（12）：
Premium　　As Arranged　　Per conveyance S. S　　　Slg. On or abt

起运港（13）　　　　　　　　　　　　　　　目的港
From　　　　　　　　　　　　　　　　　　To

所保货物，如发生本保险单项下可能引起索赔的损失或损坏，应立即通知本公司下述代理人查勘。如有索赔，应向本公司提交保险单正本（本保险单共有 2 份正本）及有关文件。如一份正本已用于索赔，其余正本则自动失效。（14）

In the event of loss or damage which may result in a claim under this Policy, immediate notice must be given to the Company's Agent as mentioned hereunder. Claims, if any, one of the Original Policy which has been issued in TWO Original (s) together with the relevant documents shall be surrendered to the Company. If one of the Original Policy has been accomplished, the others to be void.

THE PEOPLE'S INSURANCE (PROPERTY) COMPANY OF CHINA, LTD. MONTREAL BRANCH
中国人民保险公司
THE PEOPLE'S INSURANCE COMPANY OF CHINA, LTD.

赔款偿付地点（15）
Claim payable at

日期　　　　　　　　　　　　　在
Date　　　　　　　　　　　　　at　　　　　General Manager（16）：

地址：
Address：

SHIPPER（托运人）		
CONSIGNEE（收货人）		
NOTIFY PARTY（通知人）		B/L NO. COSCO 中国远洋运输（集团）总公司 **CHINA OCEAN SHIPPING (GROUP) CO.** *ORIGINAL* Combined Transport Bill of Lading
PRE – CARRIAGE BY（前程运输）	PLACE OF RECEIPT（收货地）	
OCEAN VESSEL VOY. NO.（船名及航次）	PORT OF LOADING（装货港）	
PORT OF DISCHARGE（卸货港）	PLACE OF DELIVERY（交货地）	
MARKS（唛头）	NOS. & KINDS OF PKGS（包装种类和数量）	DESCRIPTION OF GOODS（货物名称）	G.W.（KG）（毛重）	MEAS（M³）（体积）
---	---	---	---	---

TOTAL NUMBER OF CONTAINERS OR PACKAGES（IN WORDS）（总件数）					
FREIGHT& CHARGES（运费）	REVENUE TONS（运费吨）	RATE（运费率）	PER（计费单位）	PREPAID（运费预付）	COLLECT（运费到付）
PREPAID AT（预付地点）	PAYABLE AT（到付地点）	PLACE AND DATE OF ISSUE（出单地点和时间）			
TOTAL PREPAID（预付总金额）	NUMBER OF ORIGINAL B/(S) L（正本提单的份数）	SIGNED FOR THE CARRIER（承运人签章）			
装船批注的日期和签署 （装船日期）		中国远洋运输（集团）总公司 CHINA OCEAN SHIPPING (GROUP) CO. ×××			

ORIGINAL

1. Exporter	Certificate No.
	CERTIFICATE OF ORIGIN
2. Consignee	**OF**
	THE PEOPLE'S REPUBLIC OF CHINA
3. Means of transport and route	5. For certifying authority use only
4. Country / region of destination	

6. Marks and numbers	7. Number and kind of packages; description of goods	8. H. S. Code	9. Quantity	10. Number, date of invoice

11. Declaration by the exporter	12. Certification
The undersigned hereby declares that the above details and statements are correct, that all the goods were produced in China and that they comply with the Rules of Origin of the People's Republic of China.	It is hereby certified that the declaration by the exporter is correct.
----------	----------
Place and date, signature and stamp of authorized signatory	Place and date, signature and stamp of certifying authority

项目七 综合实训

中华人民共和国海关
出境货物检验检疫申请

申请单位（加盖公章）　　　　　　　　　　　　　　　＊编号
申请单位登记号：　　　联系人　　　电话　　　申请日期

发货人	（中文）	
	（外文）	
收货人	（中文）	
	（外文）	

货物名称 （中/外文）	H.S. 编码	产地	数量/重量	货物总值	包装种类 及数量

运输工具名称号码		贸易方式		货物存放地点	
合同号		信用证号		用途	
发货日期		输往国家（地区）		许可证/审批号	
启运地		到达口岸		生产单位注册号	
集装箱规格、数量及号码					

合同、信用证订立的检验 检疫条款或特殊要求	标记及号码	随附单据（划"√"或补填）	
		□合同	□包装性能结果单
		□信用证	□许可/审批文件
		□发票	□代理报关委托书
		□换证凭单	□合理保证
		□装箱单	□
		□厂检单	□

需要证书名称（划"√"或补填）		＊检验检疫费	
□品质证书　　__正__副 □重量证书　　__正__副 □数量证书　　__正__副 □兽医卫生证书　__正__副 □健康证书　　__正__副 □卫生证书　　__正__副 □动物卫生证书　__正__副	□植物检疫证书　　__正__副 □熏蒸/消毒证书　__正__副 □出境货物换证凭单　__正__副 □电子底账　　__正__副 □出境货物工作联系单　__正__副	总金额 （人民币）	
		计费人	
		收费人	

报检人郑重声明： 1. 本人被授权报检。 2. 上列填写内容正确属实，货物无伪造或冒用他人的厂名、标志、认证标志，并承担货物质量责任。 　　　　　　　　　　　　　　　签名：_____	领 取 证 书	
	日期	
	签名	

注：有"＊"号栏由海关填写

预录入编号： 　　　　海关编号：

中华人民共和国海关出口货物报关单

境内发货人		出境关别		出口日期	申报日期		备案号
境内发货人		运输方式	运输工具名称及航次号		提运单号		
生产销售单位		监管方式	征免性质		许可证号		
合同协议号	贸易国（地区）		运抵国（地区）	指运港		离境口岸	
包装种类	件数	毛重（公斤）	净重（公斤）	成交方式	运费	保费	杂费
随附单证及编号							
标记唛码及备注							
项号	商品编号	商品名称及规格型号	数量及单位	单价/总价/币制	原产国（地区）	最终目的国（地区）	境内货源地	征免

特殊关系确认： 　价格影响确认： 　支付特许权使用费确认： 　自报自缴：

报关人员 报关人员证号 电话 兹申明以上内容承担如实申报、依法纳税之法律责任 海关批注及签章

申报单位（48） 申报单位（签章）

No. ....

Exchange for ▓▓▓▓▓▓▓▓▓▓▓▓

Tianjin, ………....

　　　　At…… …… …… …… sight of this Second of Exchange (First of the same tenor and date unpaid), pay to the Order of …… …… …… …… …… …… …… …… the sum of ▓▓▓▓▓▓▓▓▓▓▓▓▓▓▓▓

Drawn under …… …… …… …… …… …… …… ………. …… …… …… …… …… …… …… …… …… …… ………

To …………

任务实施评价

序号	评价内容	得分			综合得分
		自评（40%）	组评（30%）	师评（30%）	
1	商业发票缮制（10分）				
2	装箱单缮制（10分）				
3	保险单缮制（10分）				
4	提单缮制（10分）				
5	原产地证书缮制（10分）				
6	报检单缮制（10分）				
7	报关单缮制（10分）				
8	汇票缮制（10分）				
9	单据缮制及审核要点（10分）				
10	小组协作（10分）				
	合计				

项目七　综合实训

任务总结

单据缮制及审核要点
在本任务的实施过程中遇到了哪些问题？是如何解决的？

参考文献

[1] 张东庆.外贸单证实务[M].2版.北京:人民邮电出版社,2016.
[2] 林晓静,曹玮.国际贸易单证实务[M].北京:北京理工大学出版社,2018.
[3] 林榕,吕亚君.外贸单证实务[M].北京:人民邮电出版社有限公司,2023.
[4] 章安平,牟群月.外贸单证操作[M].5版.北京:高等教育出版社,2021.
[5] 龚玉和,齐朝阳.外贸单证实训精讲[M].2版.北京:中国海关出版社,2022
[6] 张晓武,周照兴,王淑华.新编外贸单证实务[M].成都:四川大学出版社,2017
[7] 张援越.报关基础与实务[M].2版.北京:中国海关出版社,2023.